生徒が本気になる 問題解決的な道徳授業 中学校

「考え，議論する道徳」の実践事例集

岐阜大学
中学校学習指導要領解説作成協力者
柳沼良太

北区立飛鳥中学校前校長
全日本中学校道徳教育研究会顧問
鈴木明雄

豊島区立西池袋中学校統括校長
全日本中学校道徳教育研究会元会長
江川　登

［編著］

図書文化

はじめに

　「特別の教科　道徳」では，「主体的・対話的で深い学び」を取り入れ，「考え，議論する道徳」授業を行うことが求められている。そこで本書の目的は，中学校において「考え，議論する道徳」をいかに実現するかを解説し，その道徳教育や道徳授業のモデル・ケースを具体的に示すことである。本書では，全国の中学校で実際に「考え，議論する道徳」を先行実施した授業実践や学校全体での取組みを豊富に取り上げている。

　「考え，議論する道徳」については，これまでもさまざまな解釈がなされ，玉石混交の多種多様な授業実践が提案されてきた。その中には，従来のように登場人物の心情を「読み取る道徳」とさほど違わない授業実践もあれば，モラル・ジレンマやディベートを用いて討論する授業実践もある。それらのどこがどのように「考え，議論する道徳」であるのか，わかりにくい場合が多々あった。

　「考え，議論する道徳」は，生徒が人生の諸問題について真摯に向き合い，人間としての生き方を考え，主体的に判断したり協働的に議論したりするなかで深い学びをしていく。こうした学びのあり方は，従来のように登場人物の心情理解に偏った「読む道徳」とは根本的に異なるが，討論形式で勝敗を決めたりオープン・エンドにしたりする授業とも異なる。

　そこで，本書では本来の「考え，議論する道徳」の趣旨や根本理論を解説したうえで，いかにすればそれを有意義に授業実践できるか，いかにすれば学校全体あるいは地域全体でその道徳教育を展開できるかについて具体例をあげながら示すことにした。

本書では，全日本中学校道徳教育研究会の元会長である鈴木明雄先生（前・東京都北区立飛鳥中学校校長，現・麗澤大学大学院准教授）および江川登先生（東京都豊島区立西池袋中学校統括校長）に共同で編著者を担っていただいた。両先生が陣頭指揮に立たれてご指導された優れた教育実践をはじめ，全国各地の中学校に呼びかけて優れた教育実践を取り上げ，「考え，議論する道徳」のあり方や具体的な指導法について提示している。

　鈴木明雄先生と筆者は，文部科学省において中学校学習指導要領解説（特別の教科道徳編）の作成協力者として，これまで問題解決的な学習に代表される「考え，議論する道徳」のあり方を一貫して検討し，開発・実践してきた。そうした研究成果の延長線上に，本書の理論と事例集を結実させることができた。

　尚，本書は前著『「考え，議論する道徳」を実現する！―主体的・対話的で深い学びの視点から』（図書文化社，2017年）の姉妹編であり，本書の執筆者の数人が前著と重複していることをお断りしておく。

　本書が中学校における本当の「考え，議論する道徳」が普及する一つの契機となり，全国各地で有意義な道徳授業が広まることに少しでも寄与することができれば幸甚である。

平成30年5月12日
柳沼良太

生徒が本気になる
問題解決的な道徳授業・中学校
――「考え，議論する道徳」の実践事例集

目　次

はじめに………………………………………………………………………… 2

第1章　中学校で「考え，議論する道徳」を実施する …………… 7
 ❶　中学校の「考え，議論する道徳」をいかにつくるか ………… 8
 ❷　「主体的・対話的で深い学び」を取り入れた中学校の道徳科 ……… 15
 ❸　「考え，議論する道徳」の指導法 ………………………… 20

第2章　各学校の実践事例 ……………………………………… 29
 ❶　東京都北区立飛鳥中学校の「考え，議論する道徳」 ………… 30
  ❶　家族への敬愛の念 ………………………………………… 32
   （1年，C［家族愛，家庭生活の充実］，教材「一冊のノート」）
  ❷　気づきにくい小さないじめも許さない ………………… 38
   （1年，C［公正，公平，社会正義］，教材「贈りもの」）
  ❸　いじめは人間として許さない …………………………… 43
   （3年，C［公正，公平，社会正義］，教材「卒業文集最後の二行」）
 ❷　東京都豊島区立西池袋中学校の「考え，議論する道徳」 ……… 50
  ❶　自分の意見も他人の意見も大切に ……………………… 60
   （1年，B［相互理解，寛容］，教材「笛」）
  ❷　大切な家族へ伝えたいこと ……………………………… 66
   （1年，C［家族愛，家庭生活の充実］，教材「ふたりの子供たちへ」）
  ❸　生命の尊重 ………………………………………………… 72
   （3年，D［生命の尊さ］，教材「ドナーカード」「繋がる命，愛情注いでね」）
 ❸　埼玉県川口市立榛松中学校の「考え，議論する道徳」 ………… 78
  ❶　よりよい集団のあるべき姿 ……………………………… 82
   （2年，C［よりよい学校生活，集団生活の充実］，教材「明かりの下の燭台」）
  ❷　社会の中で生きる者としての責任 ……………………… 90
   （3年，A［自主，自律，自由と責任］，教材「まほうのスケート靴」）
  ❸　命に順番はあるのか ……………………………………… 98
   （3年，D［生命の尊さ］，教材「貫戸朋子さんの葛藤」）

❹ 静岡県島田市立六合中学校の「考え，議論する道徳」 ……………… 106
- ❶ 自主的に考え判断し誠実に実行しよう ……………………………… 116
  （2年，A［自主，自律，自由と責任］，教材「ネット将棋」）
- ❷ 信頼し合い励まし合って友情を深めていこう ……………………… 122
  （3年，B［友情，信頼］，教材「違うんだよ，健司」）
- ❸ 法やきまりは何のためにあるのか …………………………………… 132
  （3年，C［遵法精神，公徳心］，教材「えっ？　私が裁判員？」）

第3章 指導案 ………………………………………………………………… 143
- ❶ 認め合い学び合う心 …………………………………………………… 144
  （1年，B［相互理解，寛容］，教材「言葉の向こうに」）
- ❷ 遵法の精神，公徳心 …………………………………………………… 150
  （1年，C［遵法精神，公徳心］，教材「無人スタンド」）
- ❸ 公徳心と社会連帯 ……………………………………………………… 153
  （2年，C［遵法精神，公徳心］，教材「あなたは悪くないんです」）
- ❹ 男女の協力 ……………………………………………………………… 156
  （2年，B［相互理解，寛容］，教材「たまたま女にうまれただけ」）
- ❺ 家族愛 …………………………………………………………………… 162
  （1年，C［家族愛，家庭生活の充実］，教材「一冊のノート」）
- ❻ 自他の理解と協力 ……………………………………………………… 168
  （特別支援学級，C［よりよい学校生活，集団生活の充実］，教材「ONE FOR ALL」）

編集後記 ……………………………………………………………………………… 174

第1章

中学校で「考え,議論する道徳」を実施する

1. 中学校の「考え,議論する道徳」を
いかにつくるか

2. 「主体的・対話的で深い学び」を取り入れた
中学校の道徳科

3. 「考え,議論する道徳」の指導法

中学校の「考え,議論する道徳」をいかにつくるか

1 中学校でこそ「考え,議論する道徳」を!

　中学校でこそ「考え,議論する道徳」が適している。中学生にもなるとすでにある程度まで人生経験を積んでおり,善悪や正邪を判断する基本的な資質・能力をもっているため,道徳的な物語を共感的に理解させ,常識的な道徳的価値を形式的に教え込もうとしても無理がある。生徒は人生で出合うであろう諸問題と真摯に向き合い,その解決に向けて主体的に考え,他の生徒と共に協働して議論する中で「よりよく生きるための道徳性」を身につけていくことができる。

a 中学校の道徳教育と道徳科でめざすべき目標

　ここで中学校の道徳教育の目標を確認しておきたい。学習指導要領の総則(第1章第1の2の中段)には次のように示されている。「人間としての生き方を考え,主体的な判断の下に行動し,自立した人間として他者と共によりよく生きるための基盤となる道徳性を養うこと」である。こうした「よりよく生きるための基盤となる道徳性」を本当の意味で養うためには,冒頭にも示したように,生徒一人一人が人生の諸問題に向き合い,どう生きればよいかを真摯に考え,主体的に判断することが必要となる。

　こうした道徳教育全体の目標を達成するために,学習指導要領「特別の教科　道徳」の第2章2節には道徳科の目標が次のように示されている。「第1章総則の第1の2に示す道徳教育の目標に基づき,よりよく生きるための基礎となる道徳性を養うため,道徳的諸価値についての理解を基に,自己を見つめ,物事を広い視野から多面的・多角的に考え,人間としての生き方についての考えを深める学習を通して,道徳的な判断力,心情,実践意欲と態度を育てる」。こうした道徳性の諸様相を養うためには,教材で提示された物語に道徳的な問題状況を見いだし,多面的・多角的に考え,主体的に判断し,他の生徒や教師と協働しながら議論して,「人間としての生き方」について考えを深めることが大切になる。

b 生徒自身の問題に向き合える授業

　ここで大事なのは,生徒一人一人が人生の諸問題に真摯に向き合うことである。生徒は成長すればするほど,その途上で出合う人生の諸問題はより多様で複雑になり,さまざまな価値が葛藤する場に立って判断に迷うことになる。中学の時期は義務教育の最終段階となり,人格の完成をめざし,成人あるいは社会人に近づくが,その一方で思春期における反抗期も迎え,心身ともに不安定になる。そうした中で,幼少時や

小学校時代に身につけた知識や経験では簡単に割り切れない人生の諸問題が次々と現れることになる。生徒たちにはそうした諸問題に苦悩しながらも，単なる常識やきれいごとで片づけたり逃げ出したりするのではなく，真正面から向き合って主体的に考え判断し議論しながら互いに納得できる生き方を求め続けてほしい。

こうした中学生に対して，すでに知っている道徳的諸価値の大切さを繰り返し言わせたり書かせたりする道徳授業をしても，退屈されたり反発されたりするだけである。また，道徳的価値を体現したような架空の登場人物の気持ちに共感（感動）させようとしても，なかなか心に響かないだろう。

金井肇らが1995年に行った「道徳授業についてのアンケート調査」でも道徳授業が「楽しい」「ためになる」と答える生徒は，中学1年生では15.7％，2年生では6.0％，3年生では5.2％で，教科・領域の中で最下位に位置した。道徳授業が「楽しくない」「ためにならない」理由は，中学の各学年でほぼ共通しており，中学2年生を例にとると，1位が「いつも同じような授業だから」（54.4％），2位が「資料や話がつまらないから」（32.1％），3位が「こうすることがよいことだとか，こうしなければいけないということが多いから」（26.3％）である。こうした授業の状況はその後の調査でもそれほど違いはない。

中学生にもなれば，すでにたいていの道徳的諸価値の意味くらいは一通り覚えてしまうため，さらに道徳的諸価値を教え込もうとしても発展性がなくなっていく。また，道徳の指導法も登場人物の心情理解に偏った画一的でマンネリ化した形式だと，現実的な自己の人生（生き方）には関係してこないため，他人事になり評論家的な発言しか出てこなくなる。こうした道徳授業では肯定率が降下していくのは当然のことだろう。

しかし，実際の生徒たちは，大人の階段を上る中で，「自らの人生をどう生きるか」「どうすればよりよく生きられるか」を真摯に考えたがっているところもある。また，他の生徒や教師がどのように考えるのかにも関心が高く，どう生きればよいかを本気で議論したがっているところも確かにある。

❹ 一方通行の授業にしないために

実際，田村知子らが2016年に行った「学力調査を活用した専門的な課題分析に関する調査研究」によると，中学校の道徳授業に「主体的・対話的で深い学び」を取り入れて「考え，議論する道徳」を行うと，中学校でも道徳授業が「楽しい」「役に立つ」と答える生徒が平均して56.7％まで上昇したケースがある。特に，中学生は道徳授業でも自分で判断することに重きをおき，周りの生徒たちの考えや判断も聞きたがり，自分にとって意味のあることを見いだそうとする傾向が強い。そのため，指導法には十分に工夫や配慮をする必要がある。

それでは，こうした生徒たちの要望に応えられる道徳授業とはどのようなものか。これまでの考察や調査を総合して考えると，教師側が教えたい道徳的価値（答え）を生徒に一方的に教え込むのではなく，生徒自身が切実に考えたい道徳的問題やテーマ

を提示して，生徒と共に「考え，議論する道徳」の授業にすることである。そこで生徒は，よりよく生きるための知恵や洞察を得て，「こういう生き方をしたい」「こういう人間になりたい」という実践意欲を高めていく。

こうした道徳授業において生徒自身の見方・考え方が変わり，行動の仕方が変わり，習慣が変わり，人格を形成していけば，義務教育の最終目標である「人格の完成」にもつながっていくだろう。

2 教育改革を先導する「考え，議論する道徳」

道徳を「特別の教科」にする理由の一つとしては，社会が大きく変動し価値観が多様化する中で，子どもたちに自ら考え，主体的に判断し，問題解決できるような資質・能力を養ってほしいという願いもある。

今日ますますグローバル化や情報化が進み，科学技術が飛躍的な発展を遂げる中で，機械化が進んでロボットやAI（人工知能）が人間社会で大きな役割を果たすようになっている。また，長寿化と少子化がますます進むことで，「人生100年時代」が現実味を増してきた。こうした予測不可能で不確実な時代においては，生き方や仕事の仕方それ自体を大きく変えていくことが求められる。いわゆるライフ・シフト（生き方改革）やワーク・シフト（働き方改革）をいかに行うかが，大人にとっても生徒にとっても大きな問題として立ち現れている。

こうした時代において，これからを生きていく生徒たちは，どのような資質・能力を身につければよいのか。そこでは，過去から継承されてきた伝統文化や知識体系をただ習得し，継承するだけでなく，さまざまな問題状況に対応させて新たな知識や価値をつくり出して，生徒たち一人一人が持続可能な社会の担い手となっていかなければならない。つまり，単に過去の知識や経験だけに頼るのではなく，現状の中に問題を見いだし，その解決を図る斬新でオリジナルなものをつくり出していく資質・能力が求められるのである。

a これからの時代に求められる能力

そうした時代に求められる基本的な能力は，第一に，生徒自身が主体的にものを考え，判断し，行動する能力である。他者からの指示・命令によって従属的に動くだけならロボットや機械でもできる。そこで，人間ならではの資質・能力を生かし，過去を参照しつつ将来のビジョンを掲げ，主体的に考え判断し行動する能力が重要になる。

次に，個人一人の資質・能力には限界があるため，異質の文化をもつさまざまな他者と協働して，シナジー（相乗）効果を発揮しながら，未知の諸問題にも対応していく能力も必要となる。

第三に，科学技術の進展に伴い，ロボットやAIの力も借りて豊かな社会を築くことになるが，そこでも最終的な判断や決断をする際に必要なのは，人間の生き方の指針を示す人間性や道徳性である。単に目先の目標を機械的に達成するだけでなく，温

かくて豊かな人間関係を築いたり,「人間としての生き方」や「社会のあり方」まで追究したりするのが, 人間らしさでもある。

こうした資質・能力を育成するためには, さらに以下の3つの具体的な資質・能力が必要になってくる。

まず, 皆で話し合い議論して, 互いに納得し合える最善解を導いていく能力である。そこでは, 問題を発見し, 共通理解を図りながら, 自他の意見を尊重し合い, 協働し合うことが大事になる。

次に, 一方的・閉鎖的に物事をみるのではなく, 総合的に全体を俯瞰する能力である。それは物事を総合的に見るだけでなく, 自分自身の見方をメタ認知することでもあり, 自分とさまざまな他者との諸関係を総合的に俯瞰することでもある。近視眼的に見るのではなく, 広角的かつ複眼的に見るのである。

第三に, 学校で教わった知識や技能を現実の生活や別場面でも汎用する力である。ただ知識や技能を習得するだけでなく, それらを次の学習に応用したり, 地域や社会, 家庭でも汎用したりすることで本当の資質・能力になっていく。特に, 道徳授業は実効性のなさが批判の対象となってきたので, 実際の生活場面でも生きて働く道徳性を養う必要がある。

b 世界全体での取組み

こうした資質・能力の育成は, わが国だけでなく, OECD（経済協力開発機構）をはじめ, 全世界的に取り組んでいる教育上の大テーマでもある。

これは, わが国でも1997年ごろから盛んに提唱されている「生きる力」を育成することと共通している。OECDでいえば, キー・コンピテンシーを育成することでもある。国立教育政策研究所でいえば, 21世紀型の能力を育成することに当たる。これは, イギリスだとキー・スキル, アメリカだと21世紀型スキルなどとも言われている。

PISAの学力テストなどを見ると, 大人でもなかなか答えられないような複雑な価値が絡み合う問題が出題されている。例えば,「壁の落書きは社会の迷惑か芸術か」「警察が捜査で遺伝学的な身分証明書を使うことは正しいか」「格差社会において弱者の救済措置をどうするか」。このような社会的な問題も含めて, 答えのないような問題に対しても, 具体的に考え判断し行動できる資質・能力を育成することが大事になる。

フランスでも数年前から道徳が教科化されている。日本と同じように, 読み物を使って授業をしているが, 当然ながら問題解決学習を行っている。例えば, 中学校の道徳授業だと,「持続可能な社会と経済発展は両立するか」「テロリストの自由はどこまで認められるべきか」「LGBTの人たちの家族のあり方をどう支援するか」など, かなり複雑なテーマを中学生が喧々諤々と議論する。欧米では, 100年以上前からこうした考え, 議論する問題解決学習を道徳授業に取り入れてきた。

アジアでも, 例えば韓国とか中国, シンガポールなどの道徳教育先進国では, 当然のように問題解決学習やディベート学習, 体験学習などアクティブ・ラーニング型の

学習方法を道徳授業に取り入れている。例えば，韓国の例を出すと，ゲーム中毒の生徒の問題を取り上げ，どうすれば生活を改善できるかを小学4年生が考え議論している。このように道徳教育の先進国では，事例をあげながら生徒たちが主体的に問題を解決していく授業が主流になっている。

3 「読み取り道徳」から「考え，議論する道徳」への質的転換

　上述した世界の教育改革や道徳教育改革を踏まえ，わが国でも新しい指導法としてアクティブ・ラーニングや「主体的・対話的で深い学び」を積極的に取り入れて抜本的な改革をしようということになった。文部科学省における中央教育審議会道徳教育専門部会や専門家会議では，道徳科にこそ問題解決的な学習や体験的な学習を積極的に取り入れ，「考え，議論する道徳」に質的転換していこうということになった。

　こうした授業のテーマとしては，例えば，「個人の自由」と「社会的な義務」が対立した場合どうするか，あるいは「正義」と「思いやり」が対立した場合にどうするかなどの問いがある。具体的な物語としては，他者の過ちを寛容に許す立場と他者の自分勝手を許さない立場でどちらが正しいかを論じる場合もある。また，毎日，教科書を忘れてくるような人に対して，いつも貸してあげることが思いやりなのか，それとも貸さないで反省を求めることが思いやりなのかを議論する授業もある。

　従来の道徳授業では，登場人物の心情理解を追っていく指導スタイルが主流であり，それ以外の指導法は排除される傾向にあった。また，正義や思いやりという道徳的諸価値の概念定義や意義についてテーマ発問で追究するスタイルもあったが，そこでただ道徳的諸価値の定義を追認するだけでは授業として物足りない。

　これからの時代では，道徳的問題に向き合い，「どうしたらよいだろう」「なぜそうすべきなのだろう」「実際に自分の身に起きたらどうするべきなのだろう」という切実な問いを解決していくことが必要になってくるのである。

4 いじめ問題に対応した道徳授業

　道徳教科化の端緒となったのは，深刻ないじめ問題への対応であった。特に，滋賀県大津市の中学校で起きた中学2年生の男子生徒のいじめ自殺事件が念頭におかれている。同校は道徳教育推進校でもあり，それまでいじめ問題をなくすための道徳教育に積極的に取り組んできたところでもあった。それゆえ，道徳授業には実効性がない点を社会的に批判され，道徳授業のあり方が根本的に問い直されることになったのである。

　同校に限らず，これまでもいじめ問題に対応する道徳授業は多々あった。しかし，そうした授業では読み物教材を読んで登場人物の気持ちを考えるだけになりがちで，実際にいじめ防止やいじめ解消に効果がない点がしばしば指摘されてきた。

　例えば，いじめに関する物語を読んで，思いやりの大切さを教える道徳授業を行っ

ても，授業が終わると他の生徒への悪口や嫌がらせが起きたりする。いじめの被害者や傍観者の気持ちを理解させても，授業後に生徒たちはいじめにどう対応すればよいかわからずに終わってしまうことも多々ある。

a 現実に即した授業にするために

こうした事態を見据えて，松野博一前文部科学大臣は大臣メッセージとして次のように述べている。「これまでの道徳教育は，読み物の登場人物の気持ちを読み取ることで終わってしまっていたり，『いじめは許されない』ということを児童生徒に言わせたり書かせたりするだけの授業になりがちと言われてきました」。それを受けて，「現実のいじめの問題に対応できる資質・能力を育むためには，『あなたならどうするか』を真正面から問い，自分自身のこととして，多面的・多角的に考え，議論していく『考え，議論する道徳』へと転換することが求められ」ている。

適当にきれいごとを言い合う口先だけの形式的な道徳授業ではなく，現実のいじめ問題を根本的に解決・解消することにつながる本気の道徳授業が求められているのである。

5 現代的な課題に対応する道徳授業

道徳授業は生徒の現実生活にはあまり役に立たないと言われてきた。それは生徒たちを取り巻く環境で起こる現実的（で時に過酷）な問題に対応してこなかったからである。そこで，今後は生徒たちの興味・関心が高い現代的な課題を取り上げ，その対応を熟慮させることが求められている。

a 日本の生徒たちが抱える問題

例えば，わが国の生徒たちは，自己肯定感や自尊感情が低いということがたびたび指摘されてきた。2010年に日本青少年研究所が行った「高校生を対象とした意識調査」では，「自分は価値ある人間だと思いますか」と日本の生徒に聞くと，7.5％くらいしか肯定しないという。アメリカは57.2％，中国は42.2％，韓国は20.2％の生徒が肯定するのと比べると，日本の生徒たちの肯定率は極端に低いと言わざるをえない。

こうしたデータを見て，日本の生徒たちは謙虚だから，自己を卑下して謙遜しているだけだと言い訳をする場合もある。しかし，他の意識調査によると，日本の生徒（青少年）は自分だけでなく，教師や保護者をも尊重していないというデータもある。例えば，産経新聞（2010年3月22日付）の意識調査では，「教師を尊敬している」と答えた青少年は21％，「親を尊敬している」と答えた青少年は25％であり，アメリカやEU諸国，韓国など諸外国の生徒の肯定率が80％以上であることと比べると，日本だけ極端に低い傾向がある。

生徒が自分自身を尊重できなければ，他者（教師や保護者も含む）を尊敬・尊重できなくなり，人間関係が希薄化し，周囲の人々との関係が悪化してくることも考えら

れる。こうした状態が続くと，生徒はさらに自分を肯定しなくなり，孤独を感じてしまうという負のスパイラルが起こってしまう。実際，ユニセフが2007年に行った「子どもの幸福度」国際調査では，「自分は孤独だと感じている」と答えた15歳が日本だけ29.8％もあった。これは実施した24か国中でもワースト1位であり，幸福度を下げる原因となっている。

　こうした状況下では，生徒に自他の悪いところよりもよいところを見いだせるように道徳指導することが大事になる。そこでは上述したように，自他を客観的に捉え（メタ認知し），多面的・多角的に見ながら全体を俯瞰し，見方・考え方を肯定的に転換する力や人間関係をよりよく改善・調整する力が大事になる。

　このほかにも，わが国の生徒たちは，周りに人がいると同調した行動を取りやすいが，一人だと規範意識が低いことが指摘されている。こうした日常生活での困り事も含めて，生徒たちの現実生活にも起こりうる道徳的問題にも対応できる道徳授業を行えるようにすることが大事になる。

　中学校の道徳授業では，情報モラルの問題も今後，積極的に取り上げるべきである。例えば，インターネットやLINEのトラブルなどは，生徒間でよくある出来事である。メールやLINEなど情報機器でいじめが誘発された場合，どのように対策を取るべきかは，事前に熟慮しておかないと対応に窮することが多々ある。

　そのほかにも，中学生にとっては18歳からの選挙権に伴う主権者教育や市民性教育，法律トラブルを取り上げる法教育，消費者教育なども切実な道徳的テーマであり，社会的にも要請されている。そういった問題を道徳科でも積極的に取り上げ，考え議論できる授業に転換して対応していかなければならない。

　こうした社会的・時代的な動向と国の意向が，道徳授業に問題解決的な学習や体験的な学習を積極的に導入しようとする背景にあった。そこでは，中央教育審議会答申でも示されているように，「自分ならどのように行動・実践するのかを考えさせ，自分と異なる意見と向かい合い議論する中で，道徳的価値について，多面的，多角的に学び，実践へと結びつき，さらには習慣化していく」ことが大事になる。

　このように道徳授業でも，生徒の現実生活における行為や習慣について指導できるようにしたところが，今回の道徳科の大きな特徴である。

「主体的・対話的で深い学び」を取り入れた中学校の道徳科

1 道徳科における「主体的・対話的で深い学び」

　新しい学習指導要領では「主体的・対話的で深い学び」をすべての教科・領域に導入することになっている。各教科等に先駆けて，道徳科でこの指導法を積極的に取り入れ，「考え，議論する道徳」を実現していく必要がある。この「主体的・対話的で深い学び」を道徳科でどのように実現するかが，中学校の道徳授業でも成否の鍵を握ることになる。

a 道徳科の「主体的学び」

　「主体的な学び」に関しては，新しい学習指導要領でも最も強調されていることの一つである。特に，道徳科では教師の主観的な価値観を生徒に押しつけることにならないように留意する必要がある。道徳教科化の賛否を問う議論では，道徳授業が教師の価値観あるいは教材に登場する人物の価値観（作者の価値観）を生徒に押しつけることになると批判されてきた。教師から常識的な道徳的諸価値を押しつけられても，生徒たちは内面で反発してしまい，日常生活の思考や行動を変えていこうとはしないだろう。

　道徳授業では，生徒が自らの現実生活のあり方，生き方を見つめ直し，将来をよりよくするために必要なのだという意識をもつことが大事である。そのためには，「この道徳的問題に対して，自分だったらどう考え，判断し，行動するか」まで踏み込んで考えることが肝要である。「登場人物はどう考えたか（どうしたか）」をただ追認していくだけでなく，「自分ならどう考えるか（どうするか）」を主体的に考え省察することが大事なのである。他人事（傍観者）として（登場人物の思考で）考えるのではなく，自分事（当事者）として自ら考え判断する（本当の意味での「自我関与」する）べきなのである。

　問題を解決する際には，生徒がこれまでの人生で学び，考え，経験したことを振り返ることも有効である。過去の経験や知見をこの問題に適用するとどのように生かせるだろうかと考えるのである。そういった現実的なところまで組み込んで，考え，議論できるようにしていきたい。

　次に，将来めざすべき自分も想定して問題解決したい。「こういう人物になりたい」「そのためにこういう資質・能力をもちたい」という希望や願いがよりよい解決策をつくり出すことにつながる。

　PISAの学力テストの例では，倫理的・社会的なテーマの問題が出題されることもあるが，こうした問題解決に関してわが国の生徒たちは主体的に考え判断することが

苦手で，白紙で出す場合も多いと言われている。わが国の生徒たちは素晴らしい道徳性や資質・能力をもっているが，それを十分に主体的に考え判断し表現できないところに課題が残る。そうであれば，道徳科の授業においてこうした道徳的・倫理的な問題について主体的に思考，判断，表現できるように指導するべきである。

　そのためにも，道徳科で言語活動を重視したい。具体的には，道徳用のワークシートやノートを有効活用して，書く活動を充実させる。そこでは，登場人物がどんな気持ちだったかを考えるのではなく，自分はその問題をどう考えるか，どう解決するかを大事にし，「自分はどう生きるか」を一人一人が主体的に考える授業展開にすべきなのである。

ⓑ 道徳科の「対話的な学び」

　上述した「主体的な学び」だけだと，どうしても自分の考え方が中心となるため，一方的で主観的な見方で偏った考えになる場合もある。そこで，生徒同士の意見を交流させ，誰もが対等で公平な立場で「対話的な学び」をすることで多面的・多角的に考えられるようにもなる。

　ただし，従来のように登場人物の気持ちを読み取らせ，ねらいとする道徳的価値に誘導するような指導では，対話的な学びにはならない。初めから教師が用意してきた答え（道徳的価値）を生徒に押しつけたりすれば，生徒はそれに反発するか思考停止してしまうだけである。

　それゆえ，対話的な学びでは，「この問題に対して自分だったらどうするか」「自分ならどう向き合うか」を主体的に考えたうえで，生徒同士でそれを話し合い議論し合うことが大事になる。自分の見解だけでなく，他の生徒の意見，教師の意見，教材に出てくる人物の意見，さらには保護者や地域の人の意見に耳を傾けられるようにしたい。

　そういう多様な人たちとの対話や議論を通して，生徒は自分の生き方，そして人間としての生き方について熟慮できるようになる。こういう他者との対話，教材との対話，そして自分との対話を深めることが，自己の生き方なり，人間としての生き方を深めることになる。

　特に，道徳においては，自分と似たような意見だけでなく，異なる意見と向かい合うことから多くを学ぶことができる。葛藤や衝突が生じたときにも，それを乗り越えられるような意見を出し合い，協働して探究し，議論し合うことが，人生をどう生きるかを考えるうえで有意義になる。

　ここで留意したいのは，さまざまな見方や考え方を出し合って議論することは大事だが，それは討論（ディベート）をするのとは異なるということである。現実的な問題解決をテーマにすると，ディベートの授業になりがちである。そこでは，AとBという2つの対立軸を作っておいて，「私はこっちが正しいと思う」「いや，別の考えが正しい」と言い合い，敵と味方に分かれて討論して「勝った，負けた」と騒いでいる授業もある。しかし，こうした勝敗を競って争う姿はあまり道徳的ではないだろう。

また，モラル・ジレンマ授業のように，AとBという二項対立で，どちらかの立場で延々と話し合い，最後にオープン・エンドにするのも収まりが悪いところがある。AもBもどちらでもよいとした場合，不道徳的で無責任な意見もそのまま容認されてしまう場合もあるからである。

　「対話的な学び」で大事なのは，互いに納得し合えるような最善解を皆で求め続けることである。よりよい生き方について協働して探究し続けること自体が，道徳性を高めることになる。そこでは，互いに「自分は正しい」「君は間違っている」などと言い合って人間関係を悪くするのではなく，互いの意見を尊重しつつ，「よりよい生き方とは何か」「よりよい社会のあり方とは何か」を一緒になって協働する人間関係を築くことが求められる。

　こうした道徳授業では，生徒たちは「競争」すべき敵同士ではなくて，一緒に協力し合い「共創」する仲間同士になる。そういう対話的な学びをするためには，事前に安心で安全な学習環境を整え，学級経営をしっかり整えておくことが何より大事になる。そうした中で互いを尊重し合えるような信頼関係をしっかり築いておいて，生徒たち一人一人が自己存在感をしっかり感じられるような学習環境を整えておきたい。

C 道徳科の「深い学び」

　3番目に登場する「深い学び」が，まさに問題解決的な学習に対応している。この「深い学び」によって，道徳科ならではの見方，考え方を広めたり深めたりできるようになる。具体的には，生徒自身が教材を読んで道徳的な問題を見いだし，主体的に考え，判断できるように指導する。「主体的・対話的で深い学び」を実現するためには，問題解決的な学習を通していかに「深い学び」を行えるかにかかっていると言っても過言ではない。

　ただし，道徳科で問題解決的な学習をすると，生徒が簡単な問題を見つけ出して，すぐに解決策を出してしまうことがある。あるいは，教師が簡単な問題を生徒に提示して，生徒が常識的なことを模範解答として述べる場合もある。これでは「わかりきったことを言わせたり書かせたりする」だけになり，退屈で面白みのない「読み取り道徳」の授業になる。「深い学び」であれば，安直な解決策の中に新たな問題を見いだし，さらなる根本的な解決を求めていく。こうした問いと解が連続する学びを繰り返すことで深みが出てくるのである。

　例えば，いじめ問題を例にとると，教師が「いじめを見たらどうすればよいか」という問いに対して，生徒は「止める」「先生に言う」「何もしない」などと答える。これで終われば，「浅い学び」で，建前だけの授業になる。そこで，教師が「自分がその立場なら本当にそうできるの？」「その結果どうなる？」「自分が被害者の立場ならどうする」「理想とする自分ならどうする」などと揺さぶりをかけていくと，生徒のほうでも過去の経験や将来の展望を考え，本気で考え始める。

　「そんなことやったら，今度は自分がいじめられるかもしれない……」「逃げたら，それを正当化することになる」「自分が被害者なら何とかしてほしい」「先生に言う

だけではその場だけの解決になるんじゃないか」など多様な意見が出てくる。そういった問題の発見と解決を繰り返しながら、皆で実現可能な解決策を具体的に考え判断し、よりよい生き方を創造していく。こうした本気で切実に考え、創造的に自分の意見を出し合い、相手の意見と比較してよりよい考えを練り上げていくことが道徳授業をダイナミックで生き生きとした深いものにしていくのである。

2 育成すべき資質・能力

道徳科においても指導と評価の一体化をめざすべきである。評価を考える際には、育成すべき資質・能力の3つの柱を参照する必要がある。これを先ほど示した「主体的・対話的で深い学び」と関連づけて見ていきたい。

a 知識・技能の習得

まず、生きて働くような知識・技能を習得することである。道徳科で問題解決的な学習をする場合でも、道徳的諸価値を理解することは大前提になっている。

「教師は生徒に道徳的価値はいっさい教えてはいけない」と言われることもあるが、「正義」とか「思いやり」という概念（知識）や実践方法（技能）を知らなければ、それについて考えを深めることもできないし、それをもとにして道徳的に判断することもできない。それゆえ、「道徳的価値（例えば、正義）とは一般的にどのような意味なのか」「（正義とは）どのような行為をすることなのか」「自分は（正義を）どのように捉えているのか」「他の人はどのように捉えているのか」「どのような判断基準があるのか」を押さえておかなければならない。

ただし、従来のように道徳的諸価値の理解（自覚）を深めるだけの授業にならないように注意したい。道徳科の目標には、道徳的「諸」価値と記されており、1つの授業で1つの道徳的価値にねらいを限定する必要はなくなった。中学生の問題なら、なおさら道徳的諸価値が複雑に絡み合うものである。そこで道徳授業のねらいを「思いやり」や「正義」など1つに限定して、他を排除した形で授業をすると、窮屈になり非現実的な建前の意見しか出てこなくなる。

ねらいとする道徳的価値から外れた意見を言った生徒は、教師から無視されたり批判されることもあるが、「道徳的な見方・考え方」の中には必ず複数の道徳的諸価値が入ってくることを念頭におくべきである。行動の動機には必ず複数の道徳的諸価値が含まれており、1つの道徳的価値だけに限定することがないように留意したい。

例えば、友達が学校で間違ったことをしているとき、どうすればよいかという問題があったとする。当然ながら、道徳的価値としては「友情」が出てくるが、相手に対する「思いやり・親切」、自分に対する「誠実さ」、社会における「公共の精神」「正義」、そして「よりよく生きる喜び」なども出てくる。そういった多様な道徳的諸価値の理解をもとに、次に示すように道徳的問題を多面的・多角的に思考・判断・表現する学習プロセスが大事になる。

b 思考力・判断力・表現力の育成

　先述した知識・理解をもとにして，生徒の思考・判断・表現が展開されていく。ここで大事になってくるのは，先ほどの「主体的・対話的で深い学び」との対応である。特に，未知の状況，答えがないような状況において，問題の本質がどこにあるかを見いだす。次に，問題を解決可能な課題に設定し直し，それぞれ細かく分析するとともに，全体を総合的に俯瞰して根本的な解決をめざす。

　そしてそれを生徒の現実生活でも汎用できるようにしていく。教材の中だけで，生徒の頭の中だけでシミュレーションして終わりとすると机上の空論になってしまう。実際の現実生活にも当てはめて考え，自分のよりよい生き方に，本当の意味で役立てられるかを考え，議論することが大事になる。

　生徒が個人で主体的に思考・判断・表現するとともに，他者の多様な考え方や感じ方に触れながら協働して思考・判断・表現を洗練することで，道徳的な見方・考え方が広がり深めていくことができる。こうした生徒の学習プロセスを丁寧に見取ることで，生徒の学びを認め励ます評価につなげることができるようになるのである。

c 学びに向かう力，人間性の育成

　3つ目の資質・能力が「学びに向かう力」や「人間性」であり，従来の「意欲・関心・態度」に対応するところである。

　道徳授業の最終目的としては，「自分はどう生きるか」「よりよい社会をいかにつくるか」という点に収斂されていく。ここに結びつかないと，生徒も目先の問題解決だけに終始してしまい，「今日は何を考え学んだのだろうか」「今日の教訓は何だったか」がわからないままになる。そこで，「この授業で何を学べたのか」「これからどのような学びに向かうか」「日常生活にどう生かせるか」などをしっかり押さえていきたいところである。

　ここでは道徳性の構成要素となる道徳的な判断力・心情・実践意欲・態度が具体的にどのように育成されているかが注目される。ただし，道徳的心情の育成を授業の目標に設定した場合，その成長を評価することは難しい。なぜなら，それは生徒の心情それ自体を評価することになりかねないからである。「考え，議論する道徳」であれば，道徳的判断力や実践意欲・態度を養うことに焦点を当てた授業を工夫することがポイントになる。

　道徳科では生徒自身が「こういう人間になりたい」「こんなふうに生きたい」「こういう社会をつくりたい」と思う夢や希望を抱くことがスタートラインになる。そのためにも，学期や学年の最初の道徳授業で「どのような自分をめざすのか」「どのような生き方を理想とするか」「どのような社会にしたいか」を考えておくことが大事になる。そして，道徳の学びに向かう力を高めたうえで「考え，議論する道徳」の授業を行い，学期や学年の終わりで，道徳授業全体を通してどのように自分が成長，発達してきたかを振り返れるようにする。そうすることで後述するポートフォリオ評価にもつながってくるのである。

3 「考え，議論する道徳」の指導法

　道徳科では「多様で質の高い指導法」を導入することが求められる。道徳教育の評価等に係る専門家会議で示された3つの指導法，「読み物教材に登場する人物への自我関与が中心の学習」「問題解決的な学習」「道徳的行為に関する体験的な学習」を取り上げたい。

1 読み物教材の登場人物への自我関与が中心の学習

　従来の道徳授業に特徴的だった，登場人物の心情理解に偏った指導法は，いわゆる「読み取り道徳」と呼ばれ，根本的に改善する必要がある。「読み物教材に登場する人物への自我関与が中心の学習」は，従来のように登場人物の考えや気持ちを理解しようとする傾向があるため，一見すると従来のスタイルと似ている。

　しかし，この自我関与に関する指導法では，従来のようにただ登場人物の考えや気持ちを推察する発問例はまったく出てこない。

　発問例としては，「どうして主人公は○○という行動をとることができたのだろう（またはできなかったのだろう）」「主人公はどういう思いをもって△△という判断をしたのだろう」「自分だったら主人公のように考え，行動することができるだろうか」が例示されている。こうした発問からもわかるように，登場人物の考えや気持ちを読み取るのではなく，登場人物の立場でどうあるべきかを考えることが自我関与になるのである。

　例えば，生徒にも人気のあるスポーツ選手を取り上げ，「どうしてあんな厳しい練習に耐えることができたんだろうか」「自分だったらできるだろうか」「困難を乗り越えるために何が必要か」を考え議論することになる。こうした登場人物の立場で「自分ならどうするか」を考える発問は，後述する問題解決的な学習と共通している。

　しかし，登場人物への自我関与が中心の授業と問題解決的な学習は決定的に違う点もある。自我関与が中心の授業は，教材に登場する人物（主人公）が何らかの道徳的な判断を示し，その結論まで出ていることが多い。それゆえ，自我関与した場合でも，結果（結末）から主人公の動機を後づけすることに過ぎないこともある。自我関与が中心の道徳授業は，主人公の言動の理由や根拠を探っていくため，わかりきった一つの答えを追求するだけの「読み取り道徳」になりかねないため注意が必要である。

2 道徳科における問題解決的な学習

　「考え，議論する道徳」の中心的な指導法は，問題解決的な学習である。中学生の

発達段階に適した道徳的問題を取り上げ，生徒が「自分と関係のある事柄であるため切実に考えたい」と思えるようなテーマを設定する。そのためには，教科書に頼るだけでなく，事前に生徒を観察しておき個別に面接したりアンケート調査をしたりして，できるだけ生徒の実態や学級の状況を把握しておく必要がある。

問題解決的な学習では，学習指導過程を入念に組み立て，適切に時間配分しておきたい。教材が長いと，従来のように読み取りだけで終わってしまうため，話の内容をコンパクトにまとめて，話合いの時間を十分に取りたいところである。どうしても長い教材の場合は，事前に教材を読んだり映像を見たりしておき，反転学習のように授業を話合いから始めてもよい。次に，具体的な学習指導過程をみていこう。

a 導入

導入では，道徳的問題や道徳的テーマが自分と関係のあることであり，自分がよりよく生きるうえで大切なことであることを意識づけ，生徒の興味や関心を高めることが大事になる。

日常生活から道徳的テーマに向かっていくのであれば，「自分の目標を達成するために必要なことは何か」「友達と理解し合えずに困ったことはないか」など，身近な生活経験から入っていくことは有効である。

また，「正義とは何か」「本当の思いやりとは何だろうか」など道徳的価値を取り上げて，概念の定義から入り，どうすればそれを実現できるかについて展開部で考えることもできる。

ただし，中学校の場合，授業の導入で道徳的価値を明確に掲げて，そこに方向づけをしすぎると，答えが最初から見え透いてしまい，授業がつまらなくなることもある。「今日のテーマは思いやりだから，授業の最後に思いやりは大事だと言えばよいのだろう」などと生徒が考えれば，退屈な授業になってしまう。それゆえ，生徒が本気で考え，協力して話し合わなければわからないような問題（テーマ）にしておく必要がある。例えば，「思いやりはなぜ大事なのか」「それをいつ，どこで，誰にでもできないのはなぜか」「それが自分の人生にどのような影響を及ぼすか」などと踏み込んで発問すると深まっていく。

教材の物語に含まれるテーマと類似したエピソードを導入で取り上げて考えることもできる。例えば，教材「裏庭での出来事」を取り上げる場合，導入で友情と規則尊重の間で揺れ動く簡単な事例を考えさせる。

導入（または事前指導）において生徒がどのような考えをしていたかについて把握しておくと，終末での生徒の考えと比較して，道徳に係る成長の様子を見て取り，評価につなげることができる。

b 展開（問題発見的な学習）

展開部では教材を読み込み，しっかりと問題状況を把握することから始まる。問題を表面的に理解して，すぐに「どうすればよい」と聞いてしまうと，本当に表面的な

解決策しか出てこない。そこでは中身のない話合いになり，中心的な道徳的価値も反映しなくなる。そこで道徳的な問題を発見する学習が大事になる。何が道徳的問題なのか，どのような道徳的価値観が対立しているのか，なぜそのような道徳的問題が生じたのかをしっかり把握しておくことである。

　小さな問いを見つけると小さな答えしか見つからないが，大きな問いを見つけることができると大きな答えを見つけることができる。道徳的な問題の本質を見きわめ，そこを根本的に理解したうえで問題の解決に向かいたいところである。

　問題というと，「嫌なもの」「ないほうがいいもの」という否定的なイメージをもたれがちである。しかし，人間は問題があるからこそ，それを解決して成長・発達していける。道徳的問題を見て見ぬふりをするのではなく，その問題こそ自分が成長するチャンスなのだと思い，積極的に向き合っていきたい。道徳授業は教師が説教臭い話を押しつける退屈な時間ではなく，生徒がよりよく生きるためにどうすればよいかという問いを発見し解決する楽しい時間にしたい。

　典型的な道徳的問題としては以下の４つがある。①道徳的諸価値が実現されていない状況，②道徳的諸価値について理解が不十分または誤解，③道徳的諸価値を実現しようとする自分とそうできない自分との葛藤から生じる問題，④複数の道徳的価値の間の対立から生じる問題。こうした問題の構造を見いだすだけでも，生徒にとっては難しいものである。

　例えば，バスの中で席を譲ろうか迷う場面を考えよう。自分も疲れているから譲らないのは，①の道徳的価値が実現していない状況である。「自分が先に座ったから譲る義務はない」「自分を思いやるのも大事」と考えるのは，②の道徳的価値を十分に理解していない。席を譲りたい気持ちもあるが，面倒だなと感じたり恥ずかしがったりするのは③の状態である。さらに，バスの中で高齢者や体の不自由な方が複数いた場合に，どの人を優先して譲るべきかを考えるのは，④の問題状況といえる。道徳的問題は多面的・多角的に考え真相を理解できれば，それだけ意義深い展開になる。

C 展開（問題解決的な学習）

　問題を発見できたら，次に問題を解決する学習が大事になる。ここで道徳的問題を解決するためには，基本的には，「主人公はどうしたらよいだろうか」「自分だったらどうするべきだろうか」を考え，議論することになる。

　ただ，この問い方だと一般的な意見や自己中心的な意見しか出てこない場合もある。より深くテーマに近づいていくためには，「人間としてどうあるべきか」「よりよく生きるためにどうあるべきか」「理想の自分に近づくにはどうすべきか」などと掘り下げて尋ねるのも有効である。

　単に「どうすればよいだろうか」と聞くだけだと，生徒は過去の失敗経験やつらい思い出と結びつけてネガティブな意見ばかり出してくることがある。その場合，道徳的な問題状況はつらく厳しいものであったとしても，それを認めつつポジティブな側面も考えられるようにする。例えば，「よりよく生きるためにはどうすればよいだろ

うか」「より成長した自分をめざすためにはどうすればよいだろうか」と問い，発想を転換していくのである。

人間にはさまざまな我欲（エゴ）があって，自然な状態ではどうしても自分中心に考え，自分の利益になるように考え，判断しがちである。しかし，そうすることによって自分の罪悪を責めたり，人間関係を悪化させてしまったり，集団を悪い方向に導いたりすることがある。そうした因果の法則を見抜いて，よりよく生きるために多面的・多角的に考えたいところである。

そこで，「望ましい結果になるためにはどうすればよいのか」を考えることで発想を切り替えることができる。例えば，自分の言い分が正しいから徹底して相手を責めてしまう生徒に，「それだと相手も自分もつらく苦しくなるだけであり，人間関係も学級の雰囲気も悪化してしまう。もっと大局的に考えて，望ましい生き方はないか」と問いかけることもできるだろう。

d 展開（議論の拡張と収斂）

解決策は単なる二者択一で「あれか，これか」を考えるだけでなく，多様な意見の中から第三，第四の解決策を見いだしていくことが大事である。狭い考えで二者択一にすると，モラル・ジレンマのようになって物事を決定できなくなる。できるだけ多様な考え方を出し合ってブレーク・スルー（突破口）を見いだせるようにするのである。

次に，広がった話合いをどう収斂させ，まとめていくか。生徒たちは道徳的問題を解決するために，自らの生活経験や見聞とも関連づけていろいろな意見を述べてくる。そうした多様な意見が渦巻く中で，教師はどう対応すればよいだろうか。

基本的には複数の解決策の中からより納得できる最善策を決定していくことである。どれがベスト（最善）か，どれがベター（次善）かを比較しながら吟味していく。ここでのポイントは，orの発想で「あれか，これか」と狭く考えるのではなく，andの発想で「あれも，これも」という両立の可能性も考えることである。どちらか一方を棄却したり犠牲にしたりするのではなく，互いにある程度まで歩み寄り，協力し合える関係をつくって，皆が幸せになれる道を考えることも重要なのである。

道徳的問題を多様に広げるだけだと，ディベート（討論）やモラル・ジレンマのようになってしまい，オープン・エンドで終わってしまうことが多々ある。これだとまとまりがなくなり，何を学んだのかわからない授業になりがちである。ここはパー・チョキ・グーの原理を使いたい。つまり，パーっと意見を広げていき，チョキのように2つか3つにまとめていき，最後にグーっと1つに絞っていく。このように収斂していく話合いが道徳授業では大事になる。最初から白黒はっきり決めていくのではなく，まずは自由に多様な意見を出し合い，類似した意見をまとめて分類しながら2つ3つに分けて，最後によりよい生き方，お互いに納得できる解決策に絞っていくのである。

絞り込んでいくための発問にはいろいろある。「この考えとこの考えでどこが違うんだろうか」「場合分けをして考えてみよう」「それぞれ関連づけてみよう」「具体

的に考えてみよう」「実現可能か考えよう」などと問いかけていくうちに徐々に納得できる解が絞られていく。

　そのほかにも，道徳授業では因果性，可逆性，普遍性，互恵性の原理を取り入れることができる。

　因果性の原理とは，「どのような因果関係になるか」「その解決策によってどのような結果になるか」「どのような影響を及ぼすか」を問うことである。問題の因果関係を分析したり，解決策の結果を考えたりすることで，事のよしあしを総合的に俯瞰して考えることができる。

　可逆性の原理とは，相手の立場になって考えるために，「自分がそうされてもよいだろうか」と問うことである。例えば，「間違いをした人に対して一方的に相手を責めるようなやり方もあるけれども，自分が逆の立場で，そんなふうに他人から言われたらよいだろうか」と尋ねる。「それはつらい」というのであれば，「それでは，どう声をかければよいだろうか」と考え直す。

　普遍性の原理は，ある解決策がいつ，どこで，誰にでも広く適用できるかを考えることである。例えば，「困っている人がいた場合，身近な人にだったら助ける」と生徒が答えた場合，「見ず知らずの人なら助けるだろうか」「自分が急いでいるときならどうするか」と揺さぶりをかける。また，「本当にそれでよいのだろうか」「そうすることで胸を張って生きられるか」「人間の生き方としてどうか」などを考えて深めることもできる。

　互恵性の原理は，自分だけでなく関係者全員が幸せになれる方法を考えることである。自分だけの幸せを考えるのではなく，かといって他人の幸せだけを考えるのでもなく，自他共に（社会も含めて）全体が幸せになれる方法を考え出すのである。

　こうした問題解決学習をしていくと，だんだん自己中心的な見方・考え方から，より多くの当事者や社会全体にも配慮できるようになり，より公共的で福祉的な見方・考え方ができるようになる。これが大局的な見方や考え方になり，人間としての成長にもつながっていく。前述したように，自分中心の我欲に縛られていると，広く全体を見渡すこともできなくなり，人間としてなかなか成長できない。それに対して，相手を思いやり，集団や社会全体に貢献しようとすると，全体を見渡せるようになり，より広く社会的な自己実現ができるようになる。

　こうした見方・考え方をもつと，人間として成長していることを実感できるようになり，自分自身も本当の意味で幸せになれることを気づくようになる。一方的な生き方，自己中心的で狭小な生き方ではなく，もっと広い視野で多面的・多角的な見方・考え方を取り入れ，相互に理解し合い，寛容で民主的な社会を築けるようになってほしいところである。

❷ 道徳的行為に関する体験的な学習

　「考え，議論する道徳」の代表的な指導法として，問題解決的な学習のほかに，道徳的行為に関する体験的な学習も提案されている。体験的な学習は，道徳授業を学ん

だことを日常の道徳的な行為や習慣に結びつけるために有効である。単に生徒たちが頭の中だけで考え判断するのではなく，身体を通して実際に動作したり演技したりしてみる中で考えをより深め，道徳的行為を体得することができるからである。

体験的な学習の代表的な指導法としては，①役割演技，②技能を習得する学習，③実体験する学習，④別場面に応用する学習などがある。

①の役割演技は，読み物教材を劇仕立てにしたものが多く，従来から小学校の低学年などでよく使われてきた手法である。しかし，「考え，議論する道徳」では，ありきたりの役割演技ではなく，道徳的問題をいかに解決するかで役割演技することを推奨したい。

従来の役割演技では，もともとセリフ（解決策）が決まっているものをただ生徒に言わせるだけのものが多かったが，それでは価値観の押しつけのようになり，生徒の学習効果も薄くなる。それよりも，道徳的問題においていろいろな解決策を掲げ，自分の考えたセリフを使って即興的に演技してみると盛り上がり，学習効果も高まる。さまざまな解決策を役割演技した後で，「どれがよりよいのだろう」「どうすればよりよくなるか」を話し合えば，さらに考えが深まっていく。

役割演技では，先生と生徒で演技してみたり，生徒同士で演技してみたりして，できるだけ全員参加をしたいところである。例えば，上手に自分の意見を主張する場面とか，気持ちを込めて感謝する場面などを設定して，相互理解し合いながら表現してみると，人間関係を築き直す模擬体験をすることができる。

こうした役割演技は，一種の技能を習得する学習にもなる。近年，学校でソーシャル・スキル・トレーニング（社会技能訓練），セルフ・アサーション・トレーニング（自己主張訓練），アンガー・マネジメント（怒りの管理）などの教育も盛んに行われているが，こうしたトレーニングを道徳授業の一部で活用すると有効だろう。ペアやグループをつくってスキル・トレーニングをしていくと，短い時間で全員が模擬体験できて効果的である。

③の「実体験する学習」も有意義である。例えば，高齢者の大変さを頭で理解するだけでなく，体で理解するために腕や足に重りをつけて高齢者が歩行困難であることを疑似体験することができる。ブラインド・ウォークをすることで目の不自由な人の気持ちを理解することもできる。トラスト・フォール（相手を信頼して後ろに倒れ，後ろの人が支える活動）をすると，具体的に支え合う関係を実感できる。そのほか，車椅子でお世話をし合う体験や聴診器で心臓の音を聞き合う体験なども行われている。実際にこうした体験をすれば，道徳的価値の意義を体感的に理解することができるものである。

④の「別場面に応用する学習」も近年，広まってきている。例えば，教材「裏庭での出来事」でずるいことをせず誠実に生きることの大切さを考えた後に，身近な友人関係で似たような出来事があった場合，どのように対応すればよいかを具体的に考える。また，食品偽装問題を取り上げて，内部事情を知る従業員としてどう振る舞うべきかを考えた事例もある。別場面への応用力が高まると，生徒自身の日常生活にも汎

用できやすくなる。

　また，ネット上の情報モラルに関する問題を考えた後に，実際に自分たちの身に類似の問題が発生したらどうするかを考える。教材で基本問題を解き，日常生活で応用問題を解くようにすることも「考え，議論する道徳」では有効である。

f 授業の終末

　授業の終末においては，その授業で何を考え，学んだのかということを振り返ってまとめていきたいところである。その道徳授業で何を教訓として得ることができたのか，何をどのように納得してどのような結論を出したのかを熟考したい。それを生きた教訓として自分の人生の指針としたり，今後の生活に生かしたり，次の学習につなげていったりすることが大事である。

　ここでワークシートや道徳ノートに自分の考えをまとめ，じっくり内省することができると，後の評価にも生かしていくことができる。また，生徒自身も今日何を学んだのかだろうか，どのように自分の考えが深まったのか，どのように自分の考えが発展したのだろうかが実感できるようになる。

　こうした学習が本当の意味での主体的な学びになり，また探究的な学習や発展的な学習にもつながっていく。

3　道徳科の評価

　「考え，議論する道徳」の評価は，授業の目標や指導と連動することになる。基本的には，児童生徒の学習状況や道徳性に関わる成長の様子を評価することになる。また，数字による評価ではなく記述式な評価を行い，生徒の考えている姿を認め，励まし，勇気づけるような個人内評価として記していく。

a 多面的・多角的な見方への発展

　道徳科で生徒の学びを評価するための視点としては，まず，一方的な見方から多面的・多角的な見方へと発展しているかを見ることが大事になる。例えば，自分の立場から一方的に利己的な考えをしている見方から，どこまで多面的・多角的に広げて，他者への配慮や因果関係の洞察ができているかである。生徒一人一人の道徳性が一つ上の発達段階にたどり着けるように指導したいところである。

　例えば，バスの中で席を譲るのも，無言で譲るよりは，「ここ席が空いていますので，よかったらどうぞ」というやり方もある。さらに，手すりの側の席を譲るというやり方もある。高齢者に思いやりをもつことで優しさの輪が広がっていることや，優しさを実践することで自分が成長していることを俯瞰することもできる。生徒は初め，「ただ席を譲ればよい」と思っていたが，それよりも「もっと思いやりのある行動や言葉がけがある」ということに気づき，実践しようと意欲をもっていた点を評価することができる。

また，生徒たちの日常生活に係る道徳的問題を解決する場合でも，いろいろなやり方がある。例えば，ただ同級生や後輩に優しくするのではなく，相手が本当の意味で助かることを想像して，相手の成長や喜びに結びつけて考えられるようになった点を評価することができる。そうすると，日常で難しい数学の問題で友達が困っているときでも，すぐに答えだけ教えてあげるのではなく，どういうふうに考えればわかるのかヒントを上手に伝えてあげることもできるようになる。こういうのが一つ上の親切や思いやりを理解し，実践できるようになることも大事になる。

b 道徳的価値を自分事と考える様子

　評価のもう一つの視点は，道徳的価値を自分事として考えているかどうかである。例えば，生徒が「自由」を重視して主体的に行動し，他者に迷惑をかけているところがあったとしたら，今後どういうふうに「自由」を捉え，行動していけばよいかを考えられるようにする。自由な行動が許されているときでも，周りの人のことを考えたり，集団や社会全体のことを考えたりして，広い範囲で配慮もできるようにする。その結果として，自由を他者への配慮や社会的な責任を共に考えて行動できるようになったことを評価する。

　こうした問題について生徒が思考・判断・表現する様子をしっかり見取り，それを積極的に個人内評価していきたい。生徒の心情を評価するのではなく，生徒たちが道徳的問題を考え，みんなで協働して探究し，議論を深めていったプロセスをしっかりと見取り，認めていきたいところである。

　単に物語を読み取るだけでなく，生徒が自分なりに主体的に意見をもてるようになり，仲間と話し合って多面的・多角的に考えを広め，深めていくプロセスを大事にしたい。そうした中で，道徳的価値に結びつけて自分の生き方，あるいは人間としての生き方について考えを深めることができている様子を評価したい。

c 総括的評価

　道徳授業で学んだことを生徒たちが日常の行動や習慣に結びつけたところもしっかり見取って総括的に評価することも重要である。よりよく生きようとする意欲が実際の道徳的行為に現れ，道徳的習慣となって結実したら，積極的に認め励ます評価が，最終的には「人格の完成」につながることになる。こうした道徳授業外の道徳教育に関しては，指導要録や通知表の「行動の記録」や総合所見に反映させることができる。

　こうした道徳授業と事後指導や学校行事などと関連づけながら，総合的にPDCAサイクルを回していくことが実効性を高めることになる。つまり，道徳授業でPlan（計画）を立て，学校の教育活動全体でDo（実践）を行い，特別活動などでCheck（検証）して，道徳教育の全体計画や年間指導計画Action（改善）していく。さらに，教科等と道徳科の関連を示した別様を活用しながら，カリキュラム・マネジメントをしていくこともより効果的である。

　そうした中で，生徒たち自身も自己評価しながら，教師や保護者，地域の人々が温

かく見守り，総合的に評価していく。また，生徒自身も自分なりに学期や学年全体でどのくらい成長，発達していけただろうかを振り返ると同時に，まだ十分ではないなと感じたところは課題や目標として，次の学年や学期で頑張っていくようにする。

　道徳科の授業で活用したワークシートやノートを蓄積し，また学校の教科や行事等で道徳科と関連づけて学習したワークシートも蓄積しておき，すべてファイルでまとめることで，総合的にポートフォリオ評価をしていくこともできる。こうして積み重ねていったところを，一回一回の道徳授業だけではなくて，35回の授業全体を振り返り，他の教育活動とも関連づけながら，総括的に評価をしていくと，教師も生徒も納得した形で評価をつけることができる。

　こうした道徳の目標，指導，評価を一体化させることで，充実した「考え，議論する道徳」を実現していきたいところである。

第2章

各学校の実践事例

❶ 東京都北区立飛鳥中学校の「考え,議論する道徳」
　❶ 家族への敬愛の念(1年,「一冊のノート」)
　❷ 気づきにくい小さないじめも許さない(1年,「贈りもの」)
　❸ いじめは人間として許さない(3年,「卒業文集最後の二行」)

❷ 東京都豊島区立西池袋中学校の「考え,議論する道徳」
　❶ 自分の意見も他人の意見も大切に(1年,「笛」)
　❷ 大切な家族へ伝えたいこと(1年,「ふたりの子供たちへ」)
　❸ 生命の尊重(3年,「ドナーカード」)

❸ 埼玉県川口市立榛松中学校の「考え,議論する道徳」
　❶ よりよい集団のあるべき姿(2年,「明かりの下の燭台」)
　❷ 社会の中で生きる者としての責任(3年,「まほうのスケート靴」)
　❸ 命に順番はあるのか(3年,「貫戸朋子さんの葛藤」)

❹ 静岡県島田市立六合中学校の「考え,議論する道徳」
　❶ 自主的に考え判断し誠実に実行しよう(2年,「ネット将棋」)
　❷ 信頼し合い励まし合って友情を深めていこう(3年,「違うんだよ,健司」)
　❸ 法やきまりは何のためにあるのか(3年,「えっ? 私が裁判員?」)

1 東京都北区立飛鳥中学校の「考え，議論する道徳」

はじめに

　飛鳥中学校の名は東京都北区王子の飛鳥山に由来する。古代から多くの災害にびくともしなかった岩盤台地，約4,200年前の西ヶ原縄文貝塚遺跡の上にあり，三世代同窓生という家庭も多い文武両道の伝統校である。しかし赴任した当初，本校は健全育成の課題を抱えていた。今はまったく見られないが，授業の抜け出しや喫煙や器物破損が続いた。不登校生徒数も多く，授業も活気がなく，教員は日常の対蹠的（たいしょ）な問題に追われ疲弊していた。しかし教員や生徒にヒアリングを実施すると，ワクワクドキドキするような魅力的で楽しい授業や温かい人間関係にあふれた学校生活を強く望んでいることがわかった。

❶「考え，議論する道徳」を学校マネジメントにどう位置づけたか
（1）中学校経営の重点は，主体的な学びと規範意識のある豊かな道徳性

　中学校の規範欠如の問題やさまざまな問題行動に対応できる道徳科授業の機能が十分に発揮されていないという指摘がある。教育再生会議や道徳教育の充実に関する懇談会，中央教育審議会等で議論が重ねられた。平成27年3月学習指導要領「特別の教科道徳」として，いじめの根絶・規範意識の育成や安全確保・持続可能な社会などの喫緊課題が提示され，道徳科の教科書検定基準にもなった。そして特別の教科としてキャッチコピー「考え，議論する道徳」が示された。これは生徒の実態に即した主体的・対話的で協働的な学びを重視した実践力を伴う問題解決能力の育成を図る指導への期待と考えられる。

　このため特に中学校の教師は道徳実践の結果に視点を置くべきなのかと悩んでいる実態がある。しかし実は行為の結果より内面に根ざした人間性を読み解き，評価を指導に生かす指導が求められていると考えているのである。中学校の教育課程をどう構想すべきかを考えると，学校マネジメントには不可欠な指導の観点が，「考え，議論する道徳」と実感している。そこで新しくめざす学校カリキュラム構想の理念を，生徒の主体性を育てる魅力的な授業の充実と温かい人間関係，そして豊かな道徳性の育成とした。これらを実現するためには，生徒の主体性をめざす「考え，議論する道徳」が強く求められた。そして自分で考え，仲間と議論できる主体性のある道徳性の育成の視点を中心に教

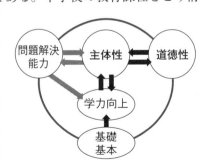

カリキュラム・マネジメント
（教科等の横断的目標管理）

科等横断的なカリキュラム・マネジメントを構想し,実行したのである。(前ページ図)
(2) 学校組織として,「考え,議論する道徳」で学校を変える

　本来道徳実践は,個々の内面に根ざした人間としての生き方を基盤に,よりよく変容する道徳性に支えられている。中学校では教科担任制であることから,特に教科等を横断的に指導する共通な人間育成の理念が大切である。しかも未来を切り拓き,社会貢献ができる世界のモデルとなる日本人としての人間形成をめざし,肯定的な評価観に立った指導方法の開発が大切なのである。そこで,学校マネジメントとして,道徳実践ができる内面の資質・能力の基盤である豊かな道徳性の指導内容・方法の開発が急務であった。

　しかし急がば回れである。道徳が教科になっても不易の授業の特質がある。道徳科の特質は,①計画的・発展的な指導,②補充・深化・統合,③道徳的な価値の自覚,④道徳性の内面的資質・能力(=旧道徳的実践力)の向上等である。自己の生き方を考え,人間としての生き方について自覚を深め,他律から自律へと向かう主体的な考え・学びが求められているのである。しかも,道徳教育の指導の原理として,昭和33年の特設道徳から,「教師と児童・生徒が人間としてのよりよい生き方を求め,共に考え,共に語り合い,その実行に努めるための共通な課題」と明記・継続されている。師弟同行で,よりよい人間をめざしていく指導であることを大切にしてきた。道徳科授業を中心に,教科等横断的なカリキュラム編成を工夫し,汎用的な能力育成として「考え,議論できる問題解決的な道徳授業」の開発を喫緊課題とした。

❷ 考え,議論する道徳科授業の開発
(1) 考え,議論するための問題解決的な4ステップ道徳科授業の構想

　中学生が他律から自律へ向かうためには,考え,議論できる道徳授業や対話的な話合い活動が生徒の考えを真に深めると確信した。そこで生徒が主体的に生き生きと課題を追究できる問題解決的な道徳科授業を開発し,主体的な学びや話合い活動を中心に,特に人間としての生き方を考える授業転換を図った。そのため道徳科授業を中心に,全教科等で「問題把握→自力解決→集団検討→個人でまとめ」という問題解決的な4ステップ授業構想を開発した。人間教育として,自分で考え・議論する道徳授業や生徒の自治活動の充実を図りながら,汎用的能力として問題解決能力の育成学校を変えるという仮説のもと,授業実践を繰り返した。そして汎用的な問題解決能力を生徒が自ら未来を拓く生涯にわたる基盤能力と捉え,自己評価能力や自己指導力の育成も視野に入れた。

　現在,学校のカリキュラム・マネジメントとして,主体的な学びとして問題解決的な4ステップ道徳科授業の価値が大切であると実感している。近年の道徳科の授業改善から,自分の問題として,考え,議論し,さらに人間として自分の生き方・あり方を熟考し,深めていくような「考え,議論する道徳科授業」について,3本の授業実践を紹介する。

① 1年 教材「一冊のノート」

家族への敬愛の念

1 主題設定の理由

(1) ねらいとする価値について

　授業のねらいは、「家族を大切にし、家族の一員として積極的に協力していこうとする道徳的態度を育てる」とした。中学生の時期になると、自立していこうと考え、自分で判断、決断しようとする意欲が高まってくる。そのため、家族に何か注意されると、反抗してしまうことがある。このような時期だからこそ、今の自分は、家族のたくさんの愛情を受けて成長してきたことに気づかせたい。そして、感謝の気持ちを、実践できる人間を期待する。授業では、祖母への敬愛の念を深めるにとどまらず、家族の一員としてどうするべきかという態度まで高めたい。

(2) 生徒の実態について

　道徳科授業で、以前「私の反抗期」という教材を扱ったときに、「今、親や家族に反抗的になってしまうことはあるか」という質問に対し、約9割の生徒が「あまり反抗しない」と回答した。また反抗期として「親とケンカしてしまった」「父親とあまり話をしていない」など、思春期の気持ちを率直に話してくれる生徒もいる。家庭は、ありのままの自分を受け入れてくれる、たくさんの愛情を注いでくれるところである。あたりまえすぎて忘れてしまうこともあるが、この時期に、家族について考えさせることは、自分の行動を振り返ることにとても有効と考える。「一冊のノート」という教材を通して、自分と家族について改めて考え、家族の一員として協力していこうとする道徳的態度を育てたいと考えた。

(3) 教材「一冊のノート」について

　主人公は、物忘れをするようになった祖母に対して、強く不満を抱くようになる。ある日偶然、祖母が書いた一冊のノートを見つける。そこには記憶がどうにもならない祖母のもどかしさや不安、家族に対する感謝の気持ちなどとともに、愛する孫たちの面倒を見なければならない自分への叱咤の言葉が綴られていた。それを目にして、主人公は祖母の深い愛情に気づく。主人公の心情の変化に着目することによって、家族が深い愛情で互いに支え合って生活していこうとすることの大切さを再認識できる教材である。

2 指導計画

　日本人の道徳性を養う基盤としての道徳科を踏まえ，教材には，生徒にとって考える意味があり，仲間と語り合う価値が求められる。特に学習指導要領「特別の教科　道徳」で指摘された現代的な課題を，自分事として考え，議論できる指導内容と方法の開発が重要である。

3 評価について

（1）学校組織として取り組む評価体制

　本来，評価は，教師が生徒のよい点や進歩の状況などを積極的に評価し，生徒を励ますべきものである。これまで学校組織として，文章で記録する評価を実施していた中学校は少なく，大きな課題となっている。学習活動における表現や態度などの観察によるパフォーマンス評価や，学習の過程や成果などの記録の積み上げによるポートフォリオ評価など，評価方法の研究を進める必要がある。文部科学省の指導と評価に関する審議結果を踏まえ，平成31年度に向けて研修を積み重ねることが大切である。また，生徒の学習状況の評価とともに，指導の過程や成果を評価し，指導の改善を行い，学習意欲の向上に生かすカリキュラム・マネジメントが求められる。

（2）生徒自ら道徳性を養う「道徳ノート」等の評価

　生徒が人間として一生涯を通して人格を磨いていくためには，自分を振り返り，問題を発見し，解決をめざす，たくましい自己指導力や生き抜く力が求められる。「特別な教科　道徳」で新しく学んだことを，自分の言葉で書き熟考し，考えを生涯に生かしていく「道徳ノート」等を，学校組織で開発したい。仲間との意見交換により気づいた他者の考えが記入され，担任教師により励ましの一言を添えられる。自己評価と他者による承認が生徒の一生の財産となり，人生の羅針盤となるようなものとして手元に残し，振り返ることができる積み上げ式日記のような道徳ノートを工夫したい。

4 指導の手立て（手法）について

（1）考え，議論する道徳科授業の開発

　従来の指導では，主人公の気持ちや考えの変化を読み取り，主人公の思いに共感させていく展開が多い。しかしより自分の問題として考え，学級の仲間の異なる感じ方や考え方に触れ，意見交換や議論をすることでよりねらいとする道徳的な価値の自覚が深まる。問題解決的な道徳科授業の意義がここにある。

（2）考え，議論するための「問題解決的な4ステップ授業構想」

　生徒が主体的に問題を追究できる問題解決的な道徳をめざし，主体的な学びや話合い活動を中心に，特に人間としての生き方を考える授業転換を図った。道徳授業と全教科で「問題把握→自力解決→集団検討→個人でまとめ」という問題解決的な4ス

テップ授業構想を開発した。人間教育として，自分で考え，議論する道徳授業や生徒が主体の自治活動の充実を図りながら，汎用的な問題解決能力の育成が学校を変えるという仮説のもと，授業実践を繰り返した。そして問題解決能力を生徒が自ら未来を拓く生涯にわたる基盤能力と捉え，自己評価能力や自己指導力の育成も視野に入れた。

5 生徒指導，キャリア教育，特別活動などとの関連

　道徳科で培った多様な見方・考え方を汎用的な能力として，進路指導や生徒会活動や地域ボランティア等の特別活動の実際の広がりに結びつけて考えさせる工夫が重要であると考えた。

6 指導案

- ●対象学年　　　　第1学年
- ●主題名　　　　　家族への敬愛の念
- ●内容項目　　　　C［家族愛，家庭生活の充実］
- ●教材（出典）　　「一冊のノート」（出典：文部科学省『私たちの道徳　中学校』）

ねらい　家族を大切にし，家族の一員として積極的に協力していこうとする道徳的態度を育てる。

	おもな発問と生徒の反応（○教師　☆生徒）	指導上の留意点
導入 5分	1．授業のねらいや話合いのルールについて理解する 【小集団による話合いと書く活動】 ○考え，議論する問題解決的な授業展開と教材の説明をする。 〈4ステップ問題解決的な授業の手順〉 1　ワークシートに自分の考えを記入する。　問題把握 2　小集団による話合いを行う。　自力解決 3　話合いの後，再び自分の考えをワークシートに記入する。　集団検討 4　学級全体で考えを深めさせる。　自分でまとめ	・小集団による話合いの中で，多様な意見を聞いたり確認したりすることにより自分の考えを深めさせる価値を知らせる。 ※本校では，全教科等で，飛鳥中問題解決的な4ステップ授業を実施している。 ※他の事例も同様
展開前半 20分	2．教材を読む 3．何が問題かを考える（問題発見） ☆小集団で話し合い，考えを深める。 【発問1】 ○教材を読んで，今，中学生として話し合うべきだと考えられる「問題」を見つけよう。　問題把握 ☆おばあさんのような症状の人にどう接するべきか。 ☆誰にもやがてやってくる老いの問題をどう考えるべきか。 ☆家族に，同じ症状の人が現れたら，どうするか。 ☆家族である自分の祖父母などが同じ状態になったら，どうするか。	・主人公の家族を支えてきた大切な祖母であることを意識させる。 ・誰にも訪れる家族の高齢化の問題である。中学1年生として，問題把握はやや難しいが，個々の捉え方を尊重する。 ・主人公の人間としての生き方まで言及する生徒も出てきたら，最終発問へつなげ

	☆おばあさんと一緒に、草むしりをしようと思った主人公はどのような人なのか。 ○考えた問題の解決について考えよう。　自力解決 ☆各自、問題解決を図る。 ４．問題について話し合う　集団検討 ○グループで、「問題」を話し合い、考えを発表しよう。 ☆自分の家族にも高齢な祖母がいる。家族全員でもっと祖母に寄り添った行動をしたいと考えた。 ☆家族に祖父母はいないが今後高齢者の問題は多くの家族が抱える。他人事でなく、よく考えていきたい。	ていく。 ・自力解決では熟考できる十分な時間をとる。 ・主人公の人間性に共感をさせ、自分の問題とさせるとともに、ねらいとする道徳的価値の自覚を深める展開も工夫できる。
展開後半 20分	【発問２】（中心発問） ○黙って祖母と並んで草取りを始めた主人公「ぼく」は、どのような人なのだろうか。 ☆優しい人。家族を思いやれる人。 ☆自分なりに自分を振り返り、考える人。 【発問３】（補助発問） ○主人公は、大切な家族である祖母を、どう考えたのだろうか。	・話し合った内容を学級全体で共有し、考えた内容について議論をしていく。 ・多様な意見を受け止め、自分の意志で家族愛の道徳的実践意欲と態度につなげる。 ・主人公の人間性をより深く捉えるための補助発問。
終末 5分	５．学習を振り返る（個人でまとめ） 【最終発問】 ○自分を振り返り、今後、家族とどのように生活していくかを考えよう。　まとめ（自分で） ☆自分の祖父母や家族について考える機会になった。 ☆果たして自分はどんな行動ができるのかよく考えたい。 ６．自分にプラス１ ○今日の学習で自分がさらに前向きに考えられたことを考えてみよう。	・ここでは、集団のまとめではなく各生徒個人の振り返りに基づく「まとめ」となるように、振り返りの時間を十分に取る。 ・ねらいに関するまとめの後、さらに自分の生き方を考えてみることで、自分より肯定的に捉えさせることができる。

❼ 実際の授業の様子／生徒の変容

　「一冊のノート」は、物忘れが多くなった祖母を嫌う主人公が、祖母の日記である一冊のノートの存在を知り、深い愛情や家族への思いに気づくという身近で心に響く読み物教材である。これまでの道徳の授業では、主人公の気持ちの変容に気づき共感することから、ねらいに迫るという展開が多い。ここでは資料中の問題を考える問題解決的な授業に変え、道徳価値への主体的な思考や自覚を深める授業構想を開発した。

　最初の発問は「教材を読んで、今、中学生として話し合うべきだと考えられる『問題』を見つけよう。」である。生徒は多面的に考え、「主人公の祖母への心ない言動の問題、自分の実祖母の問題、将来家族に認知症の人が出たらどうすべきか、高齢者社会でわれわれは何をすべきか」等、多様な「問題」を提起した。担任はこれらを整理し、「おばあさんのような身近な高齢者への接し方の問題」というテーマに絞って考

えることを提案し，学級全員が同意。拡散した問題を絞り（問題把握），最初は自分で一つの問題の解決策を考え（自力解決），議論する話合い活動（集団検討）に入る。意見交換の後，ねらいに迫るため，授業展開の終末では「主人公はどのような人間か」という主人公の人間性と自分という人間のあり方を考えさせ，自己への振り返りを個々にさせた（個人でまとめ）。結果として，多くの生徒が高齢者への自分の言動や家族への対応について意見を述べた。道徳ノートにも家族愛というねらいに達した記述を多く見ることができた。

主人公の気持ちに寄り添う授業展開では，気づくことが難しい考えの発言例を紹介する。考え，議論する道徳科では，他生徒の多面的な思考は個人の中で多角的に広がり，深まっていく。

- **生徒Aの発言**
  高齢者はこれから増えていく。おばあちゃんに向けた家族への愛情をぜひもちたいと強く思う。決して他人事ではなく，常に，家族や身近な人たちと考えたり，議論したりしながら解決していくべき内容であることに初めて気づいた。
- **生徒Bの発言**
  今日，仲間と話し合って初めて気づいたことがある。仲間の考えをじっくりと聞くと，自分の考えが広がったり，深まったりすることがわかった。難しい問題，このようなお年寄りの認知症の問題でも，いろいろな人の意見を聞きながら，しっかり考えていきたい。

●ワークシートの例

年　組　名前

一冊のノート

自分の考え	友達の意見，変化した自分の考え

※記述欄は4～5行

話し合いを終えて，自分の考えのまとめ，感想

【自己評価】A：良くできた　B：できた　C：あまりできなかった　D：できなかった

1	授業に積極的に参加できたか。	A	B	C	D
2	教材「一冊のノート」の内容を理解できたか。	A	B	C	D
3	友達の意見を聞いて，新しく気づくことがあったか。	A	B	C	D
4	話し合いに積極的に参加し，考えを深めることができたか。	A	B	C	D

＜自分にプラス１＞　新しい自分，よかった自分について

※ここでは，自分への振り返りや反省ではなく，自分を前向きに捉え，未来のよき自分像を思い抱かせるようにしたい。

❷ 1年　教材「贈りもの」

気づきにくい小さないじめも許さない

1 主題設定の理由

(1) ねらいとする道徳的価値について

　授業のねらいは，主人公の行為について，公正，公平，社会正義の観点で考え，議論することを通して，人間の弱さを乗り越え，いじめのない学校生活を考え，つくり上げていく態度を育てるとした。人は，自覚をすることもなくいじわるをしてしまうことがある。これはいじめの根っこには，人間の醜い本性，業（カルマ）があると言われるからである。しかし，いじめが原因で自らの命を絶つ事件も絶たない。人間の本性にあるねたみ等を人間は完全に払拭することはできないのである。このため目障りな相手はいつでも周りにいることになる。したがってきっかけさえあれば，どこでもいつでもいじめは起きる。人間がもつ醜い本性を完全には払拭できないが，感情や衝動のままに行動することを慎む人間に成長してほしいという願いがある。いじめや差別・偏見を人間として決して許さないという公正・公平な態度や勇気をもって社会正義の態度を抱く生徒を育てたい。

(2) 生徒の実態について

　何気ないいじわるやいたずら行為が相手の心を深く傷つけ，いじめにつながることを中学1年生の多くはすでに体験している。公正，公平に行動すべきと考えてはいるが，集団の中に入ると理不尽な行為に毅然と立ち向かうことができなくなることも多い。いじめや差別，偏見などの不正を断じて許さないためには，自分や集団がどう在るべきか，個人や集団で考えることはきわめて重要である。

(3) 教材「贈りもの」について

　「贈りもの」の主人公「私」は小学校4年生のときのいじめを思い出す。贈りものごっこがはやっていたが，内気な八百屋の女の子よし子ちゃんが「私も仲間に入れて」と頼んでくる。仲良し同士は，その子へのいじわる心から「欲ばりは一生の損」と書いた贈りものを渡す。その後，主人公は謝りに行くが謝る前に反対に受け入れられ友達になった。しかし，いじめた行為は忘れられないという懺悔（ざんげ）の手記。悩む思いを通して，自分にもあるいじめやいじわるの心，差別，偏見を人間として絶対に許さないという態度を育てることができる教材である。

2 指導計画

　いじめについての道徳科授業は，各学年で年間3回ほど重点的に計画的に実施している。指導内容は，実際のいじめ事案，自分でも気づきにくいいじめの本質の問題，生徒同士で考え，議論することから解決を自立的に図る問題等多様である。本事例は生徒が互いに気づきにくいいじめの存在を自覚し，自分の問題として考えていく工夫を図っている。

※平成29年度東京都道徳教育推進拠点校，北区教育委員会研究指定校，文部科学省
　国研学習指導実践研究協力校（道徳）として，研究主題「主体的・対話的で深い学びを実践できる生徒の育成」公開研究授業指導案とその直後に実施した研究授業協議会を紹介する。

3 評価について

　この指導事例では，考え，議論する道徳の授業成果があったか，また個々の生徒の深い学びが実現できたか。2つの評価の観点を考えている。

(1) ねらいについて

　些細な嫌がらせやいじわるでも，いじめと認識でき，加害者が相手の痛みに無頓着，傲慢であることに気づく発言や記述があったか。また人間には弱さや醜さがあるが，前向きに自分を考えていく強さや気高さがあることにも気づき，公正，公平な自分でありたいと考えられたか。

(2) ねらいを達成できる授業構想であるかの検証・評価

　生徒が「いじめは人間として決して許さない」という実践力に結びつく意欲を生み出すことができる授業展開であったか。ゲストティーチャーのコンプライアンス講話は考えを深める発言や記述となったか。

4 指導の手立て（手法）について

　生徒がいじめの問題をより自分の問題として考えられるように，問題解決的な道徳科学習とするため「飛鳥中4ステップカード（問題解決的な授業構想）」を活用した。そして，「主体的・対話的」な学習として「自分で考え，議論する活動」を取り入れた。
　さらに，各生徒の深い学びの実現のために，次の2点の指導を工夫した。

(1) 集団で話し合ったことで変わった自分の考えをさらに深化

　自分への振り返りを強くするよう中心人物の人間性を捉える発問を設定し，自分の考えや思いを深めさせた。

(2) 生徒に信頼のある地元ゲストティーチャーからコンプライアンス（法令遵守）理解

　地元の保護司で北区教育委員会のスーパーバイザーである人物の講話を設定。自分では気づきにくいような嫌がらせのようないじめにも，人間として許されないことを，

また犯罪でもあることを具体的な事例で語ってもらうことで，各生徒の考えを深めることにした。

5 生徒指導，キャリア教育，特別活動などとの関連

　公正，公平で正義が通る学校の根本には，あらゆるいじめの撲滅があると考えた。自分で問題を発見し，自分で考え，仲間と語り合い，そして自分の考えを追究し，幸せに生き抜いていく人間を育てたいと考え，道徳科授業を中心に全教科等で横断的に実施している。

6 指導案

- ●対象学年　　　　第1学年
- ●主題名　　　　　いじめを許さない心　※いじめは人間として決して許さない
- ●内容項目　　　　C［公正，公平，社会正義］
- ●教材（出典）　　「贈りもの」（出典：文部省「中学校道徳教育推進指導資料　第1集」）

ねらい　主人公の行為について公正，公平，社会正義の観点で考え，議論することを通して，人間の弱さを乗り越え，いじめのない学校生活を考え，つくり上げていく態度を育てる。

	おもな発問と生徒の反応（○教師　☆生徒）	指導上の留意点
導入 5分	1．授業のねらいや話合いのルールについて理解する ○問題解決的な4ステップ授業で，考え，議論する指示をする。 ○学校での生活の楽しさについて考えさせる。 【発問1】 ○贈りものをされたとき，どのような気持ちでしたか。 ☆とてもうれしかった。 ☆誕生祝いでは，友達や家族に感謝した。 2．教材を読む ○教材「贈りもの」を読み，内容にある問題点を考えさせる。	・問題解決的な4ステップ授業は，4ステップカードを活用している。 ・生徒には自分の問題として考えさせたい。発言内容が拡散することが予想され，整理集約が必要。

展開前半 20分	3．何が問題かを考える（問題発見） 【発問2】 ○主人公「私」は，よし子に「欲ばりは一生の損」という贈りものをした。しかし，よし子から贈られた綺麗で心の込もった手作りのお手玉を見て，にわかにすまない気持ちになった。 ○この話の『問題』は何か。　　　　　　　問題把握 ○各自考えてみよう。　　　　　　　　　　自力解決 ○考えをもとに，班で話し合ってみよう。　集団検討 ☆心の込もった贈りものに心が痛んだ。 ☆みんなに正義や勇気がなかった問題。 ☆周りに逆らえない雰囲気があった。 ☆人は弱いものだ。 ☆いじわるやいじめはやめようと誰も言えなかった問題。 ☆いじわるはついやってしまう。その後どう行動するかが大切で，いじめの問題だ。 ☆自分と異なる者への差別や偏見の問題。	・ここでは「いじめ」とはどんなことか。主人公の子どもの時期の幼さや軽率さにも考えを至らせるようにする。そして各自の意見を議論させ，考えを深めさせていく。 ・生徒からは多様な意見がたくさん出される。 ・自己の振り返りは登場人物の人間性に共感して起きることが多い。主人公のペルソナ（仮面）を借りて自分を表現させる。 ・人間の弱さを認識し，乗り越えていく強い心が大切と気づかせたい。
展開後半 20分	【発問3】（中心発問） ○主人公「私」は，よし子に謝ろうと思い切って家庭を訪問する。しかし謝る前に受け入れられ「ごめんね」と言えずに友達になっていく。このことをどう考えるか。 ☆たまたまうまくいったが一言謝るべきだ。 ☆いじめはきちんと謝るべきだ。許されない。 ☆いじめは注意したいが勇気がないこともある。 ☆自分や集団の弱さを解決していきたい。 ○いじめのコンプライアンス（法令遵守）を理解させる。 ○保護司から，些細ないじめも犯罪につながることや人間として許されないことを理解する講話を話してもらう。 　　　　　　　　　　　　　　　　　　　　深い学び ☆保護司の話から自分の考えをさらに深める。昭和時代の遊び等の理解も促してもらう。 4．問題について話し合う（問題解決） 【発問4】（※自分を見つめ，内省する） ○私たちは，なぜ「人を傷つけるようなこと」をしてしまうのだろうか。　　　　　　　　　　　集団検討 ☆人間は弱い。だからいじめはしない。 ☆弱いからこそ，仲間と乗り越えたい。	・各生徒は自分の考えをまとめてみる。 ・信頼されている地域人材の保護司であることから考えを深めることができる。（4分） ・いじめは法として許されない事を理解させる。ダメなことはダメでなく，人間として納得した理解を促す。 ・2回目の集団検討である。自分の考えをさらに深めるための設定である。
終末 5分	5．学習を振り返る（まとめ） ☆いじめへの自分の考えを深める。　　自分でまとめ ○教師の説話　　　　　　　　　　　　　深い学び	・担任は自分の中学・高校時代の経験を生徒の目線で語る。

● 板書計画

道徳科授業　いじめを許さない心
教材『贈りもの』　公正、公平、社会正義

① 贈りものをされたとき、どのような気持ちでしたか？
・とてもうれしかった。
・誕生祝いでは、友達や家族に感謝した。
② 主人公「私」が、よし子に「欲ばりは一生の損」という贈りものをしてしまった。なぜか？
『問題』は何だろうか。

★各自、考えてみよう。【問題把握・自力解決】
●考えをもとに、班で話し合ってみよう。【集団検討】
・みんな正義や勇気がなかった問題
・まだ幼い時期で周りに逆らえない雰囲気があった。
・人は弱いものだ。
●いじわるやいじめと誰も言えなかった問題
・いじわるはついやってしまう。その後どう行動するかが大切だ。
・いじめを止める機会はあった。
③主人公「私」は、よし子に謝ろうと思い切って家庭を訪問する。しかし、謝る前に受け入れられ、「ごめんね」と言えずに友達になっていく。これでよかったのだろうか。
・こういうことはよくあるがよくない。
・いじめはきちんと謝るべきだ。
★地域の保護司の話
・いじめは犯罪という自覚が大切
④私たちは、なぜ「人を傷つけるようなこと」をしてしまうのだろうか。【まとめ（振り返り）】

いじめは決して許さない

7 実際の授業の様子／生徒の変容

研究授業協議会の主な意見や感想まとめ

○生徒たちは「問題」は何かと，真剣かつ多面的・多角的に議論をしていた。授業構想として，前半の話合いや議論の時間が長過ぎて中心発問の意見時間が少なくなったのではないかという意見もあった。担任としては，もう少し全体のバランスを調整するべきだったとも思うが，意見交換が盛り上がっていたので時間を多めに取った。この議論は展開後半の学びの深さにつながったと担任は考えている。

○担任が自分の中学生時代を赤裸々に語ることで，生徒の振り返りや学びが深まった道徳科の授業であったという感想が寄せられた。担任は，生徒の目線やできれば生徒の目線より一歩下がった視点から自分の失敗や体験を語ろうといつも考えている。生徒が，先生にも弱い部分やうまくいかなかったことがあったのかと自分も前向きに考えてみたいと思うよう心がけている。それで，一人一人の生徒の考えが深まり，自分への振り返りができればよいと考え，日々の道徳科授業を大切にしている。

○ゲストティーチャーの語った，一見いじめに思えないことでもつらい犯罪になってしまった経験談によって，生徒は自分の問題として真剣に受け止めることができ，ねらいとする道徳的価値の理解につながったと判断した。深い学びに効果があったと思われる。ゲストティーチャーは生徒や保護者からも信頼されている方である。小さないじめや些細な嫌がらせも十分にいじめや犯罪に発展するという認識が講話によって生徒に生まれていた。生徒に意味あるゲストティーチャーの登場に価値を感じた。担任が自分の考えをはっきり語れた点もよかった。

❸ 3年　教材「卒業文集最後の二行」

いじめは人間として許さない

1　主題設定の理由

(1) ねらいとする道徳的価値について

　授業のねらいは、筆者「私」の行いについて、公正、公平の観点で考え、議論することを通し、人間の弱さを乗り越えいじめのない学校生活を考え、つくり上げていく力を育てるとした。いじめが原因で自らの命を絶つ痛ましい事件が後を絶たない。なぜなくならないのか。いじめの根っこには、人間の醜い本性、業(カルマ)があると考えたい。この本性に潜むねたみやそねみ等を人間は完全に払拭することはできない。だから加害者の主観による目障りな相手は、いつでも周りにいることになる。したがってきっかけさえあれば、どこでも、いじめが起きる要因がある。この人間がもつ醜い本性を完全には払拭できないにしても、みだりに感情や衝動のままに行動することを慎む人間、いじめや差別・偏見を人間として決して許さないという心を抱く生徒を育てることはできるはずである。

(2) 生徒の実態について

　中学3年生は善悪を判断する能力はすでにある程度は身についている。また理想を求める思いも強い。しかし集団の中に入ると、往々にして内心では不適切だと思っても一歩踏み込んで理不尽な行為をたしなめることを躊躇する傾向がある。個人の行動は所属する集団の雰囲気に左右されやすい。しかし、いじめや差別、偏見などの不正を断じて許さないためには、自分や集団がどう在るべきかを考えさせることはきわめて重要である。

　生徒が今後の人生で生涯にわたって、いじめは決して許さないという態度を育てたい。

(3) 教材「卒業文集最後の二行」について

　30年余が過ぎた今でも、T子さんへの罪業を思い出すたびに忍び泣いてしまう筆者「私」である。小学校時代にいじめを繰り返した自分の非情な行為を30年以上経った今でも深い心の傷として後悔する懺悔の手記である。T子さんは早くに母を亡くし、生活も苦しく身なりも汚いためか、筆者をはじめ周りの子どもたちにいじめ抜かれた。筆者はT子さんの卒業文集最後の二行に書かれた切なさや悔しさを知り衝撃を受ける。

　現在も、過去の自分の行為に涙し、苦しみ続けている。この筆者の思いを通して、いじめや差別、偏見を人間として絶対に許さない態度を育てることができる教材である。

❷ 指導計画

　いじめの指導は，全学年で計画的・継続的に実施している。第3学年のため，すでに，1・2年生で6教材ほどの道徳科授業を実施してきた。生涯にわたる自分の生き方として，いじめ問題を考えさせる構想である。

❸ 評価について

（1）ねらいについて
　いじめは差別的非人間的であり，加害者が相手の痛みに無頓着，傲慢であることに気づく発言や記述があったか。また人間には弱さや醜さがあるが，前向きに自分を考えていく強さや気高さがあることに気づき，公正，公平な自分でありたいと考えられたか。

（2）ねらいを達成できる授業構想であるかの検証・評価
　生徒がいじめは人間として決して許さないという実践的な意欲を生み出すことができる授業展開であったか。ゲストティーチャーのコンプライアンス講話は考えを深めたか。

❹ 指導の手立て（手法）について

　問題解決的な道徳科学習とするため，「飛鳥中4ステップカード（問題解決的な授業）」を使用し，主体的・対話的な学習として「自分で考え，議論する活動」を取り入れた。
　さらに，自分の考えを深めるために，次の2点の指導の工夫を考えた。

（1）集団で話し合ったことで変わった自分の考えをさらに深化
　自分への振り返りを強くするよう中心人物（筆者）の人間性を捉える発問を設定した。

（2）生徒に信頼のあるゲストティーチャーからコンプライアンス（法令遵守）理解
　地域の人材（北区スーパーバイザー）の講話を設定。保護司・元ＰＴＡ会長で地域や生徒に信頼されている人物で，いじめは人間として許されないことであり，犯罪でもあることを語ってもらう。

5 生徒指導，キャリア教育，特別活動などとの関連

　義務教育最後のいじめ問題の学として実施する。道徳科授業で深く考えたことは，キャリア教育や学級会活動等で，生徒の生涯の行動規範や真摯な生き方の基盤となると考えている。社会に出てからも，人間の業（カルマ）ともいえるいじめ問題には遭遇する。このとき，確固たる信念で，他者や社会に貢献できる気概と思いやりのある人間を育てていく構想である。

6 指導案

- ●対象学年　　　　第3学年
- ●主題名　　　　　いじめを許さない心　※いじめは人間として決して許さない
- ●内容項目　　　　C［公正，公平，社会正義］
- ●教材（出典）　　「卒業文集最後の二行」（一戸冬彦）『心に残るとっておきの話第二集』湖文社
  　　　　　　　　（出典：文部科学省『私たちの道徳　中学校』）

ねらい　筆者「私」の行いについて，公正，公平の観点で考え，議論することを通し，人間の弱さを乗り越え，いじめのない学校生活を考えつくり上げていく力を育てる。

	おもな発問と生徒の反応（○教師　☆生徒）	指導上の留意点
導入 3分	1．授業のねらいや話合いのルールについて理解する ☆学校での生活の楽しさについて考える。 【発問1】 ○どんなときに楽しいと感じますか。 ☆友達と話しているとき。☆好きなことをしているとき。 ☆誰にも嫌なことをされない時間。 2．教材を読む 「卒業文集最後の二行」を読み，内容にある問題点を考える。	・楽しさも一瞬に消えるいじめの悲惨さを意識する布石とする。 ・問題解決型授業のためよく考え，議論するよう促す。全教科等で飛鳥中4ステップ授業構想を実施のため授業の流れは理解しやすい。
展開前半 20分	3．何が問題かを考える（問題発見） 【発問2】 ○筆者がT子をいじめてしまった「問題」は何だろうか。 　　　　　　　　　　　　　　　問題把握　自力解決 ☆貧しさや見た目で差別。許されない問題。 ☆いじめると面白いと思いいじめた。やってはならないことをやってしまった問題。 4．問題について話し合う（問題解決） 【発問3】　　　　　　　　　　　　　　　集団検討 ○筆者が後ろめたさを感じながらもT子をいじめ続けたことはしかたなかったことなのか。話し合ってみよう。 ☆許されない。T子に謝るチャンスはあった。 ☆小学生でしかたなかった。	・自分の問題，自分事として考えさせていく。 ・問題発見型道徳科授業であるため，発問2では発言内容が拡散する。収束させる工夫が必要。 ・ここでは，筆者たちがT子の恵まれない生活環境への差別意識と自分たちの興味本位で不遜な生活態度の両面に焦点を当てて考えさせたい。

展開後半 20分	☆許されないことはわかっているがついやってしまう弱さがある。 ☆いじめは許されないが，注意する勇気がない。 ☆自分や集団の弱さを解決したい。 【発問4】（中心発問）※筆者の人間性に迫る。 ○筆者は「最後の二行」を忘れずに自分のしたことをずっと悔いて生きてきたと言う。どのような人なのだろうか。 ☆いじめを長い間悔いている。反省ができる人。 ☆きっといじめはしないで生きてきた人だ。 ○いじめのコンプライアンス（法令遵守）を理解する。 ○保護司からいじめは犯罪であるとともに，人間として許されないことを理解する講話を話してもらう。 深い学び ☆保護司の話から自分の考えをさらに深める。 ☆自分を振り返る。 【発問5】※自分を見つめ，内省する。 ○私たちは，なぜ「人を傷つけるようなこと」をしてしまうのだろうか。そんな自分について考えてみよう。 深い学び	「いじめ」とはどんなことか各自の意見を議論させ考えを深めさせる。 ・自己の振り返りは中心人物の人間性に共感して起きることが多い。筆者のペルソナ（仮面）を借りて自分を表現させる。 ・いじめは法としても許されないことを知る。ダメなことはダメではなく，人間として納得した理解を促したい。 ・人間の弱さを認識し，問題に正対して乗り越えていく強い心が求められることに気づかせたい。
終末 7分	5．学習を振り返る（まとめ） 自分でまとめ ○教師が説話を行う。※ねらいに即した内容を語る。 　例：いじめられたとき，友に励まされたこと。 　例：大人になってから実際に謝罪した人の話の紹介。 　　　※新聞記事の紹介 【発問6】 ○「今までの自分にプラスワンを考えてみよう」と問う。 ※この発問はすべての道徳科授業で現在新たに工夫している。	・担任は，中学時代にいじわるをした海外に住む級友に会って謝罪した主婦の新聞記事を紹介した。 ・自分への内省で終わることなく，未来の自分のプラスイメージを抱かせる工夫。

●板書計画

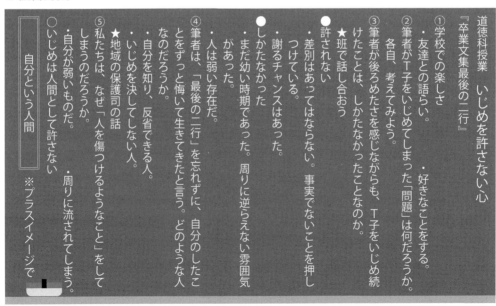

7 実際の授業の様子／生徒の変容

(1) 筆者がT子をいじめてしまった「問題」把握と自力解決

　後悔する行為をやめられなかった罪の問題，筆者はT子さんに謝るべきだったという問題，筆者にもT子さんにも真の友人がいないという問題，学級のいじめを皆で解決する雰囲気がないなど学級の問題が次々と述べられた。

　なかでも，「筆者にもT子さんにも真の友人がいない。自分の学級ではこのようないじめは続かないと思う。」という発言から，火がついたように，筆者の内面の問題だけでなく，自分ならどうするかという主体的な発言が多数出た。

(2) ずっと悔いて生きてきた筆者の態度から，筆者の人間性を問う問題

　ここでは，筆者の真摯な態度を賞賛する意見だけでなく，T子にきちんと謝罪できることが大切だと自分の問題として語り合っていた姿が印象深い。特に，「何十年も悩むのであれば訪問し，謝罪するくらいの強い気持ちが欲しい。」という発言は，終末で，担任が提示する実際の謝罪の新聞記事につながり，深い考えを共有した。

(3) いじめは生涯人を傷つける罪となる（問題）

　保護司Hさんは，生徒が幼いころからよく知る頼りになる地域人材であることから，かつての本校の先輩が受けたいじめを大人になってようやく克服していく事例を知り，いじめの本質的な問題を多くの生徒が理解した。ワークシートの記述に，「何気ないいじめが人生を変えてしまうほどの罪と知った。決していじめはしないし，関わらない。」と意思表示も見えている。自分の考えを，深く学んでいる例といえた。

(4) 私たちは，なぜ「人を傷つけるようなこと」をしてしまうのだろうかという問題

　生徒はいじめの問題は理解している。しかし，どう行動できるかは違う問題でもある。次のような発言・記述に生徒たちの決意や思いが評価できた。

　「いじめは悪いでは解決しない。いじめはどこでも起きる問題。見たり聞いたりしたら，所属する仲間とよく話し合って，最善を尽くす。そういう自分でありたい。」

8 資料

〈筆者「私」の気持ちの変化を考えていく問題解決型でない授業展開〉
《主な発問》
● 教材「卒業文集最後の二行」を読み，考える。
　① 筆者はどんな気持ちで，汚い，くさいなどとT子をけなしていたのだろう。
　・何も考えていない。
　・悪いことをしている意識はない。
　・先生に言わないし，いじめやすい。
　② カンニングをしたのは自分なのに，T子を責めた筆者はどんな気持ちだっただろう。
　・後ろめたい気持ちをT子のせいにしたかった。

- 周りの雰囲気に流された。
- 調子に乗った。

③T子の卒業文集最後の二行を読んで，筆者が果てもなく泣いたのはなぜだろう。
- T子のつらさや悲しさが伝わってきた。
- 自分自身の愚かさや醜さに気づいた。後悔した。
- 差別やいじめの非道なことに気づいた。
- T子の心の傷に気づいた。

④「あの二行を読まなかったら，現在の私はどうなっていただろう。」という筆者は，どんな生き方をしているのだろう。
- 差別やいじめを許さない。
- 人の立場になって考えることができる。
- 誰に対しても公平・公正な態度をとる。

● ワークシート

| 卒業文集最後の二行 | 名　前 | 3年　　組　　番 | 月　　日（　） |

●筆者がＴ子をいじめてしまった「問題」は何だろうか。　　　問題把握　自力解決

●筆者が後ろめたさを感じながらもＴ子をいじめ続けたことは，しかたなかったことなのか。話し合ってみよう。　　　集団検討

●筆者は「最後の二行」を忘れずに自分のしたことをずっと悔いて生きてきたと言う。どのような人なのだろうか。

★Ｈさん（保護司）のお話から，考えたことをメモしよう。

★深い学び

●私たちは，なぜ「人を傷つけるようなこと」をしてしまうのだろうか。そんな自分について考えてみよう。　　　自分でまとめ

自分への振り返り

	とても	やや	あまり	まったく
今日の話の内容は	印象に残った	ー	ー	ー	印象に残らなかった
話合いによって，自分の考えを深めることが	できた	ー	ー	ー	できなかった
新しい発見・気づき★自分にプラス１	あった	ー	ー	ー	なかった
今日のテーマは	楽しかった	ー	ー	ー	興味がなかった

2 東京都豊島区立西池袋中学校の「考え,議論する道徳」

はじめに
　本校では,地域清掃活動・募金活動・各種体験ボランティア活動・地域行事等への積極的な参加を通し,自主・自律の精神を養い,社会や地域に貢献する生徒を育成するとともに,進んで集団と関わり,その集団をよりよいものにしようと努力する社会力の育成に努めている。
　道徳科の指導においては,以下の3点を重視した。
①校長が道徳教育の方針を明確にし,全教師に周知する。道徳教育の推進を主に担当する教師(以下「道徳教育推進教師」)を中心に指導体制を整え,年間指導計画を作成する。
②活用しやすい全体計画の一覧表を作成する。例えば,各教科における道徳教育に関わる指導の内容および時期を整理したもの,道徳教育に関わる体験活動や実践活動の時期が一覧できるもの,道徳教育の推進体制や家庭や地域社会等との連携のための活動等がわかるものを別葉にして加える。
③年に数回,教師が交代で学年の全学級を回って道徳の授業を行う取組みを実施する。

❶道徳教育の方針・周知
　①について,校長が次年度の道徳教育の基本方針を12月中に示し,4月当初に再確認した。それにより,4月のスタートから道徳科の授業が年間指導計画どおりに実施されることになった。

(1) 豊島区立西池袋中学校　道徳教育の基本方針
- 生徒の知・徳・体のバランスのよい向上をめざす本校の,「徳育」の中心をなす道徳教育は,地域や家庭とも連携を取りながら進める。
- 「考え,議論する」ことを意識しながら,道徳教育推進教師を中心にいじめ問題への対応や問題解決的な学習を通して,多面的・多角的に考えられる生徒,自分のこととして考えられる生徒の育成を行う。
- 全教育活動との関連を図り,各学年,各学級において「私たちの道徳」,東京都道徳教育教材集「心みつめて」や副読本,その他感動を与える読み物教材を活用した,年間35時間の道徳の授業をさらに充実させる。
- としま土曜公開授業に道徳の時間を積極的に取り入れることで,保護者や地域の方との連携,さらに教員の指導力の向上に努める。
- 家庭との連携を密にし,望ましい生活習慣や基本的なしつけの徹底を図り,規範意

識を身につけさせる。
- 特別支援学級との交流や生徒会主催の体験活動を通して，互いの理解を深め，助け合いや支え合いながら生きることの大切さを学ばせる。
- 礼儀やマナーの意義を理解させ，時と場にふさわしい行動がとれるよう公徳心の滋養に努めさせる。特に，あいさつ・返事ができる生徒の育成に努める。
- 養護教諭と連携しながら，第1・第2学年では「命の授業」を，第3学年は「命と性を考える授業」を計画的に実施することで，生命の尊さについての意識を高めるとともに健康教育と連携を図る。

(2) 指導の重点

本校における指導の重点を選定するにあたって，保護者，生徒，教職員に22の内容項目を示し，「特に重点的に考えてみたい（考えさせたい）項目」を選ぶアンケートを実施した。以下がアンケートの結果である。

〈指導の重点についてのアンケート結果〉

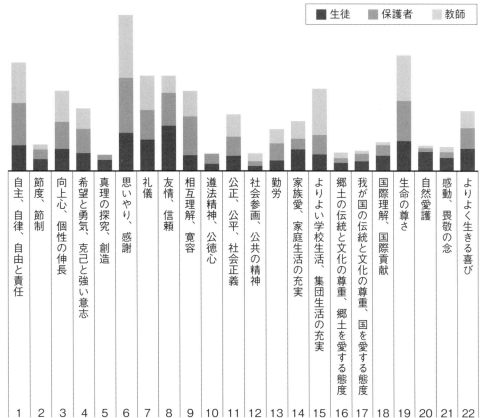

（グラフはそれぞれの％の累積）
調査対象：生徒421名，保護者300名，教員30名

アンケートの結果を受け，道徳科で重点とする内容項目を A「自主，自律，自由と責任」，B「思いやり，感謝」「友情，信頼」，C「よりよい学校生活，集団生活の充実」，D「生命の尊さ」とした。

❷ 効果的な別葉の工夫

②について，各教育活動での道徳教育がその特質に応じて意図的，計画的に進められ，相互に関連が図られるようにするために，別葉を作成した。

(1) 別葉の形式

別葉の形式は種々あるが，本校では学校の教育活動（特別活動，各教科，総合的な学習，健康・安全・食育，地域・家庭との連携，オリンピック・パラリンピック教育）と，道徳の指導内容項目との関連を時系列で示す形式とした。その理由としては，一覧の形で年間の見通しがもてるという点を重視したからである（巻末参照）。

(2) 別葉の活用

- 内容項目の幟旗を作成，設置し，教師と生徒，双方に視覚的に訴えた。
- 職員室に別葉を掲示し，全教師に向け，目に見える形で意識づけを行った。
- 各行事と道徳の内容項目との関連を月予定に記載した。毎月の職員会議で発表，検討し，月予定に記載することで，全教員で確認し合った。

❸ 十八番（おはこ）授業の位置づけ（ローテーション授業）

③について，道徳の授業は，一般的に学級担任が実施するため，教科の授業と違い，同じ内容の授業を複数回実施することがない。そのため，授業でうまくいかないことがあっても，問題点を把握し，次の授業につなげることが難しい。また，週1回の道徳に関し，教材研究の負担感も大きい。

そこで，学年の全教員が学年の学級数を一部ローテーションで授業を実施することとした。内容項目は，主に重点としている項目，各教師が得意としているものを選ぶことから十八番（おはこ）授業と名づけ，年間指導計画の中に位置づけ，実施することとした。

(1) 十八番授業の計画

十八番授業は年間に散らすのではなく，期間を設けて実施することとした。これは，指導内容のタイミングや生徒の発達状況に合わせた指導内容とするためである。実施時期については2学期とした。1学期は担任との人間関係づくりの必要性があり，道徳の授業の基盤づくりの時期であると考えたからである。

十八番授業のメンバーは各学年の教員を中心とし，学年全学級で授業することにより，同じ資料で4～5回の授業を実施することとした。年度の初めに，それぞれの学年の教員で協議し，十八番授業の内容項目や資料を決定し，ローテーション表を作成した。また，授業に当たっていない教員は授業を参観し，授業後にアドバイスをし合うことに決めた。また，多面的・多角的な評価にも生かすこととした。

(2) 指導の重点を生かす取組み

年間35時間のうち，十八番期間以外で「1．道徳教育の方針・周知」で紹介した22項目を網羅し，十八番授業では重点を置く内容項目を中心として取り上げることとした。それにより，年間指導計画が立てやすく，また，本校の指導の重点を生かすことができるようになった。

（3）指導案集の作成

　十八番授業を実施することで，自分が選んだ資料について深く教材研究を行う時間的余裕をもつことができる。また，4〜5回の授業を行う中で，授業展開や発問について反省，改善ができるため，最終的にはかなり練られた授業を行うことができるようになる。それを次年度に生かすために，授業によって改定，改善された指導案を，指導案集としてまとめた。

（4）アンケート調査の実施

　十八番授業実施後に，生徒と教員に質問紙調査を行った。以下がその結果である。

〈教員の回答より〉
○同じ教材で何回も授業する中で，発問や時間配分を変えるなど授業を改善していけた。「うまくいかなかった」で終わらず次につなげられるので，少しは道徳に自信がもてるようになった。
○初めはおっくうだと感じたが，同じ資料で授業を行うので，思ったより負担感はなかった。かえって自分が道徳の授業をしないときに，他の先生の授業を見られるので勉強になった。
○各先生の個性が生きる授業ができる。生徒もそれを楽しんでいた。
○担任していないクラスで授業することで，他クラスの雰囲気を知ることができた。また，自分が担任するクラスを他の先生が指導する様子を参観し，学級や生徒の様子を知ることができた。
○道徳の授業の後，教員同士で授業の感想を述べ合ったり，授業の進め方について相談し合ったりするような場面が増えた。道徳の授業について教員同士で話をすることが増えた。
△実技教科担当で自分のクラスの授業をすることが少ないので，道徳は自分のクラスで授業できる貴重な時間。それがある時期にまるまるなくなってしまうのはつらい。
△学級や社会の状況に応じたタイムリーな授業ができない。十八番授業の期間でも時間差があり，行事などについて話題にするとき（例えば，「職場体験に行ってみてどんなことを感じた？」）には，生徒の反応が違ってくる。
△学級担任のように個々の生徒の実態が把握しきれていないので，発問の答えに対して深く掘り下げにくい場面がある。

〈生徒の回答より〉
○毎回だれが授業してくれるのか，わくわく感があり楽しみだった。（多数）
○それぞれの先生の違ったスタイルの授業が受けられて，新鮮で面白かった。（多数）
○先生によって授業が違い，それによって私たちの個性やいろいろな考えが引き出されたと思う。（3年生女子）
○それぞれの先生らしいテーマのときもあれば意外なときもあった。先生によって大切に思っていることもそれぞれ違うのかなと思って，その違いを知るのが面白い。（3年男子）
△慣れないことをするときにクラスが騒がしくなることがあった。（1年生女子）
△担任の先生の授業のほうが手をあげて発言しやすい。（1年生女子）
△先生ごとに授業の進め方やワークシートの書き方が違って，戸惑うことがあった。（2年生女子）

西池袋中学校第1年生　道徳全体計画の「別葉」（平成29年度）

月	授	主題名	内容項目	資料名	ねらい	「私たちの道徳」関連ページ	学級活動（特別活動）
4月	①	よりよい自己の追求	―	美しく自分を染めあげて下さい	理想を求め、積極的に力強く人間らしい誠実な生き方を求めようとする道徳的心情を育む。	P5～7	自信に満ちた中学生になろう A 希望と勇気、強い意志 みんなで活動する学級の組織 C よりよい学校生活、集団生活の充実 中学生の学習のしかた A 節度、節制 校外学習（6組） C 公徳心　D 感動、畏敬の念
	②	優しい心	B 思いやり、感謝	おばあちゃんの指定席	人は互いに支え合って生きていることに気づき、思いやりの心をもって人と接しようとする道徳的心情を育む。	P54～59 P252	
	③	いまを生きる大切さ	D 生命の尊さ	自分の番いのちのバトン	脈々とつながる命の尊さに思いを馳せ、自他の命をかけがえのないものとしてとらえる道徳的心情を豊かにする。	P101～113	
5月	①	家族のきずな	C 家族愛	三六五×十四回分のありがとう	家族の深い愛情に守られて今日があることに気づき、感謝の心で家族の愛に応えようとする道徳的心情を育む。	P180～193	部活動への加入 C よりよい学校生活、集団生活の充実 自分のよさを知ろう A 個性の伸長 学校生活の安全 A 節度、節制
	②	公徳を尊ぶ心	C 公共の精神	島耕作ある朝の出来事	社会の一員として公共の場における態度を考え、気持ちよい社会を実現しようとする道徳的実践意欲を培う。	P148～159	
	③	いじめを許さぬ強さ	C 社会正義	私もいじめた一人なのに…	見て見ぬふりをする消極的姿勢を憎み、いじめや不正を断固として許さぬ心を行動で表す道徳的実践意欲を培う。	P160～165 230～237	
6月	①	善意や支えへの感謝	B 思いやり、感謝	人のフリみて	感謝の心は他者の厚情にふれたときの自然な感情であることに気づき、その気持ちを素直に表そうとする道徳的態度を育成する。	P82～95	危険の予測と回避 A 希望と勇気、強い意志 わたしの夢と希望 定期考査の受け方 A 希望と勇気、強い意志 社会の一員として C 郷土を愛する態度
	②	自然を愛する心	D 自然愛護	「あっ、トトロの森だ！」	人間が自然の中で生かされていることに気づき、自然を尊び、愛護に努めようとする道徳的態度を育成する。	P148～159 238～239	
	③	目標に向かう意志	A 克己と強い意志	目標は小刻みに	大きな目標も一歩一歩着実に積み上げる努力で達成できるのだということを自覚し、達成への実践意欲を培う。	P16～21	
	④	真の友情	B 友情、信頼	雨の日の届け物	真の友情の尊さについて理解を深め、尊敬と信頼に支えられた友情を育てようとする道徳的実践意欲を培う。	P60～65	
7月	①	礼の精神	B 礼儀	半分おとな半分こども	礼は、心と形がともなっていなければならないことを知り、適切な言動を心がけようとする道徳的実践意欲を培う。	P48～53	心身の発達と変化 B 友情、信頼 健康な生活習慣 A 節度、節制
	②	よりよい集団づくり	C 集団生活の充実	小さな一歩	集団の一員としての役割と責任を自覚し、協力し合って集団生活の向上に努める道徳的態度を育成する。	P166～171	
8・9月	①	教員　塚田 和之	1年1組	目標を目指しやり抜く強い意志を（私たちの道徳・文科省）	A 希望と勇気、克己と強い意志		心の通い合う学級 B 友情、信頼 いじめのない学級にしよう B 相互理解、寛容 生徒会とわたしたち C よりよい学校生活
	②	山中 麻記子	1年2組	木箱の中の鉛筆たち（自分を見つめる・あかつき）	A 希望と勇気、克己と強い意志		
	③	橘川 希三子	1年3組	笛（道徳読み物資料・文科省）	B 相互理解、寛容		
	④	松本 健児	1年4組	いつわりのバイオリン（自分を見つめる・めかつき）	D よりよく生きる喜び		
10月	①	小針 幸世	1年5組	あめ細工職人　吉原孝洋（キラリ☆道徳　正進社）	C 勤労		学習態度の見直し A 節度、節制 いろいろな学校行事 A 自主・自律、自由と責任 学校行事を盛り上げる C よりよい学校生活
	②	小林 憲秀		殿さまの茶わん（自分を見つめる・あかつき）	B 相互理解、寛容		
	③	権八 亜希子		ぼくの性格をつくった友人（自分を見つめる・あかつき）	A 向上心、個性の伸長		
	④	福田 雅一		バスと赤ちゃん（自分を見つめる・あかつき）	C 遵法精神、公徳心		
11月	①	支え合う家族	C 家族愛	ふたりの子供たちへ	家族への敬愛の念を深め、家族の一員として積極的に家族を支え協力していこうとする道徳的実践意欲を培う。	P180～193	なぜ学ぶのか A 真理の探究、創造 読書は自分の友だち D 感動、畏敬の念 効果的な予習・復習 A 節度、節制 これからのわたし A 希望と勇気、強い意志
	②	思いやり	B 思いやり、感謝	旗	相手の立場や気持ちを考え、あたたかい思いやりの心で接する道徳的態度を育成する。	P54～59	
	③	良心のめざめ	D よりよく生きる喜び	銀色のシャープペンシル	内なる良心の声を自覚し、自分を奮い立たせることで、目指す生き方に近づこうとする道徳的心情を育てる。	P120～131	
	④	郷土を愛する心	C 郷土の伝統と文化の尊重	娘のふるさと	地域社会の一員としての自覚をもち、郷土を愛し、その発展に努めようとする道徳的実践意欲を培う。	P200～225 238～239	
12月	①	誠実な行動と責任	A 自主、自律	裏庭でのできごと	自分の行為が及ぼす結果を深く考え、誠実に責任をもつことのできる行動に努めようとする道徳的判断力を高める。	P22～31	さまざまな学習への道 A 自主、自律、自由と責任 わたしの悩み B 友情、信頼 不安や悩みの解決 D よりよく生きる喜び
	②	勤労の尊さ	C 勤労	午前一時四十分	勤労の尊さや意義を理解し、勤労を通して生きがいのある人生を実現しようとする道徳的実践意欲を培う。	P172～177	
	③	日々の心構え	A 節度、節制	出船の位置に	望ましい生活習慣を身に付けておくことの大切さを自覚し、自らを律し、生活を正そうとする道徳的実践意欲を培う。	P10～15	
1月	①	きまりの意義	C 遵法精神	人に迷惑をかけなければいいのか？	きまりの意義を理解し守ることで、自他の権利を重んじ、よりよい社会をつくろうとする道徳的態度を育成する。	P134～147	いろいろな職業 A 真理の探究、創造 希望の職業につくには A 自主と、自律、自由と責任 進路計画はなぜ必要なのか A 希望と勇気、強い意志
	②	人生を切り拓く	A 真理の探究	米屋の奥さんの足音	理想の自己を求め、うそ偽りのない誠実な生き方で人生を切り拓いていこうとする道徳的心情を育む。	P32～37	
	③	真の国際貢献	C 国際貢献	リヤカーは海を越えて	真の国際貢献について理解を深め、国際的な視野に立って人類の幸福に貢献しようとする道徳的態度を育成する。	P212～225 238～239	
2月	①	国を思う心	C 我が国の伝統と文化の尊重	負けへんで―川本幸民―	日本人としての自覚をもち、国の発展に寄与しようという道徳的心情を育てる。	P206～211	ライフプラン A 個性の伸長 学校とわたしたちの成長 C よりよい学校生活、集団生活の充実 一年間を振り返ろう A 個性の伸長
	②	公正、公平な社会	C 公正、公平	ある日のバッターボックス	差別や偏見をなくそう努力し、だれに対しても公正、公平な社会の実現に努める道徳的態度を育成する。	P160～165	
	③	心のあたたかさ	B 思いやり、感謝	夜のくだもの屋	人間はかかわり合いの中で生きていることを感じ、感謝と思いやりの心で人と接しようとする道徳的心情を育む。	P54～59	
3月	①	かけがえのない家族	C 家族愛	語りかける目	家族を苦しみや悲しみにふれ、そのかけがえのなさを感じ、家族を大切に思う道徳的心情を育てる。	P180～193	先輩の選んだ道 A 希望と勇気、強い意志 進級への心構え C よりよい学校生活、集団生活の充実
	②	愛校心	C 集団生活の充実	二枚の写真	学校に愛着や誇りをもち、その一員としてよりよい学校づくりに意欲的に取り組もうとする道徳的実践意欲を培う。	P194～199	

生徒会活動	学校行事	教科	教材・単元	道徳的ねらい	内容項目	総合的な学習	健康・安全・食育	地域・家庭との連携・オリンピック パラリンピック
対面式 C よりよい学校生活 委員認証式 A 自主, 自律, 自由と責任	入学式 A 希望と勇気, 強い意志 C よりよい学校生活 離任式 B 感謝 開校記念日 C よりよい学校生活 地域訪問 C 郷土を愛する態度	技術	環境に配慮した生活	自然環境を大切にすることの意義を理解する。	D 自然愛護	◇学習課題の設定・選択 ◇独自の学習課題の設定 A 自主, 自律, 自由と責任	健康診断 A 節度, 節制	
		家庭	私たちと家族・家庭と地域	父母, 祖父母を敬愛し, 家族の一員としての自覚をもって充実した家庭生活を築く。	C 家族愛, 家庭生活の充実			
		音楽	My Voice！	自己を見つめ, 自己の向上を図るとともに, 個性を伸ばして充実した生き方を追求する。	A 個性の伸長			
募金活動 B 思いやり 運動会練習 A 自主, 自律, 自由と責任 C よりよい学校生活	内科検診 A 節度, 節制 運動会練習 A 希望と勇気, 克己と強い意志 B 友情, 信頼 C よりよい学校生活	保体	ダンス	表現や踊りでの交流を通して仲間とのコミュニケーションを豊かにする。	C よりよい学校生活 B 友情, 信頼	◇学習課題の調査・見学・体験・情報収集の仕方 ◇学習課題の解決の仕方 A 自主, 自律, 自由と責任	健康診断 A 節度, 節制	
		家庭	生活習慣の自立	望ましい生活習慣を身につけ, よりよい生活を送る。	A 節度, 節制			
		社会	世界各地の人々の生活と環境	世界各地の衣食住について学ぶ中で国際的な視野に立って互いの文化を尊重する態度を養う。	C 国際理解, 国際貢献			
	運動会 A 希望と勇気, 克己と強い意志 B 友情, 信頼 C よりよい学校生活 定期考査 A 希望と勇気, 強い意志 歯科指導 (1年・6組) A 節度, 節制	理科	身近な生物を観察しよう	生きとし生けるものの生命の尊さを学び, 尊重する心を育む。	D 生命の尊さ D 自然愛護	【遠足に向けて】 ・地域の伝統や文化を知ろう	身体・体力測定 A 節度, 節制 歯磨き指導 (1年生) A 節度, 節制	
		国語	花曇りの向こう	友情について悩みや葛藤を経験し, 人間関係を深めていく。	B 友情, 信頼			
		社会	歴史のとらえ方	我が国の伝統と文化を, 歴史の流れの中で理解し, 次世代に伝える。	C 我が国の伝統と文化の尊重 C 郷土を愛する態度			
		国語	情報の集め方を知ろう	自分の考えや意見を相手に伝え, いろいろなものの見方や考え方があることを理解する。	B 相互理解, 寛容			
	終業式 A 個性の伸長 夏季休業	英語	Chapter 1 Project 自分のことを伝えよう	好きな事や大事にしているものについて英語で発表し, 自らの個性を伸ばす。	A 個性の伸長	◇学習課題の発表 発表用の資料の準備 レポート作り・新聞作り・掲示物作りなど A-1 自主, 自律, 自由と責任	貧血, 骨密度測定 A 節度, 節制 オリンピック給食 C 国際理解	
		保体	水泳	記録の向上や協調の楽しさ, 喜びを味わい, 健康や安全に気を配る。	A 強い意志 D 生命の尊さ			
中央委員会・専門委員会 A 自主, 自律, 自由と責任 委員認証式 A 自主, 自律, 自由と責任	始業式 A 希望と勇気, 強い意志 定期考査 A 希望と勇気, 強い意志 小学生体験授業 C よりよい学校生活 道徳授業地区公開講座 B 友情, 信頼	国語	星の花が降るころに	友情の尊さを理解して心から尊敬できる友達を持ち, 互いに励まし合い高め合うを育む。	A 友情, 信頼	・行動班作り, 行程決め, ルールの確認 A 自主, 自律, 自由と責任 B 友情, 信頼 C 遵法精神, 公徳心		道徳授業地区公開講座 C よりよい学校生活
		家庭	衣生活の自立	望ましい生活習慣を身につけ, よりよい衣生活を送る。	A 節度, 節制			
		保体	心身の機能の発達と心の健康	心の健康を保持増進する資質や能力を育てる。	D 生命の尊さ B 友情, 信頼			
		社会	世界の諸地域	世界の諸地域に生活することを学び, 国際理解の知識を深める。	C 国際理解, 国際貢献			
生徒会役員選挙 A 自主, 自律, 自由と責任 C よりよい学校生活	生徒総会 B 友情, 信頼 C 郷土の伝統と文化の尊重 文化発表会 D 感動, 畏敬の念	美術	文字のデザイン	発想豊かに文字をデザインすることで創造性を育成する。	A 真理の探究, 創造	◇学習課題の発表 発表用の資料の準備 レポート作り・新聞作り・掲示物作りなど A 自主, 自律, 自由と責任	健康診断 A 節度, 節制	
		英語	Junior High School in the U.S.	アメリカの中学校生活を例に挙げ, 異文化に対する興味関心を高める。	C 国際理解, 国際貢献			
	安全指導・避難訓練 A 節度, 節制	理科	地震～揺れる大地～	大地の仕組みを知り, 自然環境を大切にする意義を理解し, 自然を愛する心を育む。	D 自然愛護			
		国語	いろは歌 月に思う 蓬莱の玉の枝	伝統を継承することで日本人としての自覚をもって国を愛する心を育成する。	C 我が国の伝統と文化の尊重			
あいさつ運動 B 礼儀	進路説明会 (第2回) A 個性の伸長 定期考査 A 希望と勇気, 強い意志 連合音楽会 D 感動, 畏敬の念 C よりよい学校生活	保体	陸上競技 (長距離走)	自分に負けず, 粘り強く最後までやり抜く。	A 強い意志	【スキー移動教室に向けて】 A 自主, 自律, 自由と責任 D 自然愛護	歯科講話 (1年生) A 節度, 節制 和食の旦献立 C 我が国の伝統と文化の尊重	パラリンピック選手による講演会 A 向上心, 個性の伸長 A 克己と強い意志 A 郷土を愛する態度 C 社会参画, 公共の精神
		社会	火山 ～火を噴く大地～	大地の仕組みを知り, 自然環境を大切にする意義を理解し, 自然を愛する心を育む。	D 自然愛護			
		国語	話題や方向性を捉えて話し合おう	集団の中で自主的に考え, 協力し合って集団生活の充実に努める。	A 自主, 自律 C よりよい学校生活			
		社会	世界のさまざまな地域の調査	世界の地域を自ら調査して, 進んで世界の事を知ろうとする態度を養う。	C 国際理解 A 自主, 自律			
	三者面談 C 家族愛, 家庭生活の充実 終業式 A 個性の伸長 冬季休業	数学	基本の図形	図形の対称性や作図方法から数学的な美しさの畏敬の念を育む。	D 畏敬の念		食育 (1年生) A 自主, 自律, 自由と責任	落ち葉清掃 C 郷土を愛する態度 C 社会参画, 公共の精神
		音楽	アジアの諸民族の音楽	他国を尊重し, 国際的視野に立って, 世界の平和と人類の発展に寄与する。	C 国際理解			
		保体	球技	仲間と分担した役割を果たし, 話し合いに参加する態度を養う。	C 公正, 公平 B 思いやり, 感謝			
	始業式 A 希望と勇気, 強い意志 スキー教室 B 友情, 信頼 D 自然愛護, 畏敬の念	美術	木彫	木彫の技法を学ぶことで伝統文化を愛する心を育む。	C 我が国の伝統と文化の尊重	【職場訪問に向けて】 ・職場訪問 職場訪問先の調査・連絡 職業訪問でのマナー B 礼儀		
		社会	中世の日本	中世で人々の考え方・文化を通じて現代における遵法精神を身につける。	C 遵法精神 公徳心			
		保体	武道	伝統的な行動の仕方, 考え方を理解する。	B 礼儀　C 我が国の伝統と文化の尊重			
生徒会交流会 C 集団生活の充実	定期考査 A 希望と勇気, 強い意志 職場訪問 B 礼儀 C 勤労	社会	日本の姿	日本の自然・産業などを学び, 我が国土に対する郷土愛を育む。	C 郷土を愛する態度	・職業訪問の実施 A 個性の伸長 B 礼儀 C 勤労 ・職業訪問のまとめ A 自主, 自律, 自由と責任 B 礼儀		
		音楽	心通う合唱 指揮をしてみよう	学級や学校の一員として自覚をもつ。	C よりよい学校生活 C 勤労			
		国語	印象深く思いを伝えよう	自分の考えや意見を相手に伝えることを通して, 自らをあらめていく。	B 相互理解, 寛容			
	セイフティー教室 A 節度, 節制 卒業式　B 感謝 修了式　A 個性の伸長 春季休業	美術	パラパラまんが	アニメーションの原理を学ぶことで日本が誇るアニメ文化を尊重する心情を育む。	C 我が国の伝統と文化の尊重	一年間を振り返って, 2年生に向けて A 自主, 自律, 自由と責任 C よりよい学校生活		

西池袋中学校第2年生　道徳全体計画の「別葉」（平成29年度）

月	授	主題名	内容項目	資料名	ねらい	「私たちの道徳」関連ページ	特別活動 学級活動
4月	①	よりよい自己の追求	—	不思議	偶然がもたらす出会いの神秘に思いを馳せ、よりよい生き方を目指そうとする道徳的実践意欲を培う。	P5～7	2年生の役割を考えよう C よりよい学校生活、集団生活の充実 2年生としての生活のあり方
	②	真の友情	B 友情、信頼	ロレンゾの友人	本当の意味で友達を思いやることはどういうことなのかを考えることで、友情についての理解を深め、真の友情を育もうとする道徳的実践態度を育成する。	P60～65	A 希望・勇気、強い意志 学級の目標と組織をつくろう C よりよい学校生活、集団生活の充実 校外学習（6組）
	③	自分を好きになる	A 向上心、個性の伸長	虎	自分を見つめ、自分のよさを生かしさらに伸ばしていくために前向きに取り組もうとする道徳的実践意欲を培う。	P38～45	C 公徳心　D 感動、畏敬の念
5月	①	望ましい生活習慣	C 節度、節制	小さなこと	生活の中である習慣を身に付ける大切さを知り、小さなことからでも実行に移そうとする道徳的実践意欲を培う。	P10～15	みんなでつくる学級の歩み B 友情、信頼 事件・事故から自分を守る D 生命の尊さ 生活習慣と健康 A 節度、節制
	②	目標に向かう意志	A 克己と強い意志	人間であることの美しさ	自らの可能性を信じ、目標や理想に向かってあきらめずに最後までやり遂げようとする道徳的実践意欲を培う。	P16～21	
	③	社会秩序を高める	C 遵法精神、公徳心	仏の銀蔵	遵法の精神の大切さに気づくとともに権利と義務のあることを知り社会秩序を高める生き方をしようという道徳的心情を養う。	P134～147	
6月	①	自然への畏敬	D 自然愛護、感動、畏敬の念	樹齢七千年の杉	自然に感動する心をもち、人間の力を超えたものに対する畏怖の念を深め、自然を愛する道徳的心情を育てる。	P148～159	いじめのない学級 B 思いやり 上級生・下級生との人間関係 B 友情、信頼 学習の重点を考えよう A 自主、自律、自由と責任 学習と部活動の両立 A 個性の伸長
	②	ともに生きる社会	C 社会参画、公共の精神	迷惑とは何ぞ	社会連帯の自覚を深め、互いにいたわり助け合う、よりよい社会をつくろうとする道徳的実践意欲を培う。	P148～159	
	③	他に学ぶ姿勢	B 相互理解、寛容	「一番乗り」たけいち	他の人がもつ自分にないよさを認め、広い心で謙虚に学ぼうとする道徳的心情を育てる。	P72～81	
	④	誠実な心	D よりよく生きる喜び	タッチアウト	人間の心には弱さ醜さと、誠実さが同居することに気づき、誠実さを励まし気高く生きようとする道徳的心情を育てる。	P120～131	
7月	①	責任ある判断	A 自主、自律	リクエスト	物事の善悪を自主的によく考えたうえで判断して誠実に行動し、その結果にも責任をもつ道徳的態度を育成する。	P22～31	趣味や特技と生活 A 個性の伸長 さまざまな人との交流 C 郷土を愛する態度
	②	働くということの意味	C 勤労	アキラのくじ運	遵法の精神の大切さに気づくとともに権利と義務のあることを知り社会秩序を高める生き方をしようという道徳的心情を養う。	P101～113	
8・9月	①	あたたかい人間愛	B 思いやり、感謝	軽いやさしさ	社会連帯の自覚を深め、互いにいたわり助け合う、よりよい社会をつくろうとする道徳的実践意欲を培う。	P22～31	学級生活を充実させよう C よりよい学校生活、集団生活の充実 友だちにメッセージを贈ろう B 友情、信頼 男女の特徴 B 友情、信頼

		教員	資料名	内容項目
	②	藤澤 美子　2年1組	脳内会議（ワークシートでできる「道徳科」授業プラン・明治図書）	B 相互理解、寛容
	③	道向 洋平　2年2組	どうするハインツ（ハインツのジレンマ）	C 遵法精神、公徳心
十八番授業		河合 大治　2年3組	闇の中の炎（中学校道徳読み物資料集・文科省）	C 遵法精神、公徳心
		緒got 吾郎　2年4組	美しい母の顔（自分を考える・あかつき）	C 家族愛、家庭生活の充実
10月	①	福士由美子	モラルジレンマ・美しい鳥取砂丘（新聞記事　ほか）	A 節度、節制
	②	萩田 有美	国境線が鍛える共生の思考（あすを生きる1）	C 国際理解、国際貢献
	③			
	④	河合希枝子	ロスタイムのつづき（自分を考える・あかつき）	A 真理の探究、創造

11月	①	強い正義感	C 公正、公平、社会正義	路上に散った正義感	生活の中である習慣を身に付ける大切さを知り、小さなことからでも実行に移そうとする道徳的実践意欲を培う。	P160～165	わが校の学校行事 C よりよい学校生活 心に残る学校行事 A 自分を生かす職業 A 真理の探究、創造
	②	自己を生かし輝く集団	C 集団生活の充実	明かりの下の燭台	他の人がもつ自分にないよさを認め、広い心で謙虚に学ぼうとする道徳的心情を育てる。	P166～171	
	③	かけがえのない命	D 生命の尊さ	命の重さ	家族の深い愛情によって育てられたことに感謝し、より充実した家庭生活を築こうとする道徳的態度を育成する。	P98～113	
	④	国際協力を考える	C 国際貢献	国境線が鍛える共生の思考	人間の心には弱さ醜さと、誠実さが同居することに気づき、誠実さを励まし気高く生きようとする道徳的心情を育てる。	P212～225	
12月	①	人間のすばらしさ	D よりよく生きる喜び	ネパールのビール	自然に感動する心をもち、人間の力を超えたものに対する畏怖の念を深め、自然を愛する道徳的心情を育てる。	P120～131	自分の性格や個性・能力の理解 A 個性の伸長 いろいろな学問の道 A 節度、節制 何のために学ぶのか A 真理の探究、創造
	②	社会への奉仕	C 勤労	加山さんの願い	勤労は個人のためだけでなく社会を支えていることを理解し、公共の福祉と社会の発展に尽くす実践意欲を培う。	P172～177	
	③	時と場に応じた礼儀	B 礼儀	試行錯誤はまだまだ続く	礼儀の精神への理解を深め、時と場に応じた適切な言動を選択できる道徳的判断力を高める。	P160～165	
1月	①	思いやる心	B 思いやり	最後の年越しそば	人間尊重の精神を基盤に、他を思いやる心をもち、人間的交わりを深めようとする道徳的心情を育てる。	P54～59	各教科を振り返ってみよう A 希望・勇気、強い意志 家庭学習の改善と充実 A 節度、節制 不安や悩みの理解 A 個性の伸長
	②	家族への敬愛	C 家族愛	一冊のノート	家族の大切さを知り、敬愛の念を深め、家族の一員として積極的に協力していく道徳的態度を育成する。	P180～193	
	③	国を愛する心	C 我が国の伝統と文化の尊重	国	排他的自国賛美ではなく、国際社会の一員としての自覚と責任をもって国を愛する道徳的心情を育てる。	P206～211	
2月	①	正義を重んじる心	C 公正、公平、社会正義	ひとりぼっち	物事を公正公平に見る目をもち、無関心にならず、不正な行動やいじめを断固許さない道徳的態度を育成する。	P160～165 230～237	不安や悩みを解決するには A 節度、節制 進路情報の収集と活用 A 自主、自律、自由と責任 進路計画の検討と修正 A 個性の伸長
	②	正しい異性理解	B 友情、信頼	アイツとセントバレンタインデー	異性の特性や違いを正しく受け止め、一人の人格としてその尊厳を重んじようとする道徳的態度を育成する。	P66～71	
	③	良心に恥じない生き方	D よりよく生きる喜び	足袋の季節	ありのままの人間がもつ心の弱さを克服し、自分に恥じない生き方を目指そうとする道徳的態度を育成する。	P120～131	
3月	①	他を思いやる心	B 思いやり、感謝	「先生にビールやっておくれ」	人の温かみを知り、他の人に対して感謝と思いやりの心をもって接しようとする道徳的態度を育成する。	P54～59	「学級の十大ニュース」を決めよう C よりよい学校生活、集団生活の充実 進級の心構え A 個性の伸長
	②	郷土を愛する心	C 郷土の伝統と文化の尊重	三蔵さんの田んぼ	世界の中の日本人としての自覚を持ち、国際的視野に立って人類の発展に寄与する道徳的心情を育成する。	P200～205	

生徒会活動	学校行事	教科	教材・単元	道徳的ねらい	内容項目	総合的な学習	健康・安全・食育	地域・家庭との連携 オリンピック パラリンピック
対面式 C よりよい学校生活 委員認証式 A 自主、自律、自由と責任 募金活動 B 思いやり	始業式・入学式 A 希望と勇気、強い意志 C よりよい学校生活 離任式 B 感謝 開校記念日 C よりよい学校生活 地域訪問 C 郷土を愛する態度	社会	世界から見た日本の姿	外国と比較しながら日本の姿をとらえさせ、わが国への関心を高める。	C 郷土を愛する態度 C 公徳心	◇学習課題に沿った学習計画の立案 A 自主、自律、自由と責任	健康診断 A 節度、節制	
		理科	物質のなりたちと化学変化	原子について学び、化学反応を理解することを通して自主的に学ぶ態度を養う。	A 真理の探究、創造 A 自主、自律			
		英語	Lesson1A Practice at a Sumo Stable	日本の伝統のスポーツのよさや美しさに気づき、伝統文化を尊重する気持ちをもつ。	C 我が国の伝統と文化の尊重			
運動会練習 A 自主、自律、自由と責任 C よりよい学校生活	内科検診 運動会練習 A 希望と勇気、克己と強い意志 B 友情、信頼 C よりよい学校生活	国語	枕草子	優れた伝統と文化を大切にし、日本人としての自覚を持ち、国や自然を愛する心をもつ。	C 我が国の伝統と文化の尊重	◆尾瀬移動教室学習に向けて A 自主、自律、自由と責任	健康診断 A 節度、節制	
		家庭	身近な消費生活と環境	望ましい生活感覚を身につけ、よりよい消費生活をおくる。	A 節度、節制			
		保体	ダンス	表現や踊りでの交流を通して、仲間とのコミュニケーションを豊かにする。	C よりよい学校生活 B 友情、信頼			
	運動会練習 A 希望と勇気、克己と強い意志 B 友情、信頼 C よりよい学校生活 定期考査 A 希望と勇気、強い意志	社会	近世の日本	近世の日本と世界とのつながりを学び、国際理解を深めようとする。	C 遵法精神 C 公徳心 C 国際理解	◆情報の収集スキル、図書・インターネットの活用 レポート作り・新聞作り・掲示物作りなど A 自主、自律、自由と責任	身体・体力測定 A 節度、節制	
		美術	きりえ	日本の伝統の美術のよさや美しさに気づき、伝統文化を尊重する気持ちを持つ。	C 我が国の伝統と文化の尊重			
		理科	生物のからだと細胞	生物のからだのつくりについて学ぶことを通し、生命の尊さや有限性を理解し、進んで生命愛護に努めようとする。	D 生命の尊さ D 自然愛護			
		技術	私たちの生活と生物育成	生命の尊さについて、その連続性を理解し、かけがえのない生命を尊重しようとする。	D 生命の尊さ			
	尾瀬移動教室(2年) B 友情、信頼 D 自然愛護、畏敬の念 終業式 A 個性の伸長 夏季休業	国語	メディアと上手に付き合うために	それぞれの個性や立場を尊重し、いろいろな角度からの見方や考え方があることを理解する。	B 相互理解、寛容 A 自主、自律	【将来の進路に目を向けよう】 ・様々な進路 ・個性の伸長 ・様々な職業 ・自分を取り巻く社会 A 個性の伸長	貧血、骨密度測定 A 節度、節制	
		音楽	Let's Create!	自己の向上を図るとともに個性を伸ばして充実した生きがいを追求する。	A 個性の伸長			
生徒会役員選挙 中央委員会・専門委員会 A 自主、自律、自由と責任 委員認証式 A 自主、自律、自由と責任 C よりよい学校生活 小学生体験授業 C よりよい学校生活 道徳授業地区公開講座 B 友情、信頼	始業式 A 希望と勇気、強い意志 定期考査 A 希望と勇気、強い意志 小学生体験授業 C よりよい学校生活 道徳授業地区公開講座 B 友情、信頼	保体	水泳	記録の向上や競争の楽しさや喜びをあじわい、健康や安全に気を配る。	A 強い意志 D 生命の尊さ	【職場体験学習に向けて】 ・職場体験 ・職場体験先の調査・連絡 ・職場体験でのマナー B 礼儀		道徳授業地区公開講座 C よりよい学校生活
		社会	日本の諸地域	日本の諸地域についての学習を通して郷土の伝統文化を尊重しようとする。	C 我が国の伝統と文化の尊重			
		数学	1次方程式と1次関数	事象を数理的に考察し表現することで、真理を探究する態度を養う。	A 真理の探究、創造			
		家庭	健康と食生活	望ましい生活習慣を身につけて、節制し節度ある生活を送ろうとする。	A 節度、節制			
生徒総会 A 自主、自律、自由と責任 C よりよい学校生活	安全指導・避難訓練 A 節度、節制	保体	球技	仲間と分担した役割を果たし、話し合いに参加する態度を養う。	C 公正、公平 B 思いやり、感謝	・職場体験の実施 A 個性の伸長 C 勤労 ・職場体験学習の発表 A 自主、自律、自由と責任	健康診断 A 節度、節制	
	職場体験(2年生) A 個性の伸長 C 勤労 B 礼儀 文化発表会 D 感動、畏敬の念	美術	屏風アート(鑑賞・制作)	日本文化の良さを味わう。	C 我が国の伝統と文化の尊重			
		音楽	歌い継ごう!日本の歌	日本の歌曲について知り、文化を継承しようとするもつ。	C 郷土を愛する態度 C 我が国の伝統と文化の尊重			
		国語	漢詩の風景	世界の中の日本人としての自覚を持ち、他国を尊重する。	C 国際理解			
	進路説明会(第2回) A 個性の伸長 定期考査 A 希望と勇気、強い意志	理科	電流の正体	目に見えない電流について学び、真実を大切にすることに努めようとする。	A 真理の探究、創造	【校外学習に向けて】 ・情報の収集スキル、図書・インターネットの活用 A 自主、自律、自由と責任	健康教育(2年生) A 節度、節制	パラリンピック選手による講演会 A 向上心、個性の伸長 A 克己と強い意志 地域の運動会 C 郷土を愛する態度 C 社会参画、公共の精神
		美術	木彫	伝統文化の美しさやよさを味わい、文化を尊重しようとする。	C 我が国の伝統と文化の尊重			
		国語	話し合って考えを広げよう	自分の考え方や意見を、相手に伝え、寛容の心をもって謙虚に学ぶ。	B 相互理解、寛容 A 自主、自律、自由と責任			
		英語	Chapter3 Project 将来の夢	自分の将来を見つめ、自分の個性を発見し、伸ばしていく。	A 個性の伸長			
	三者面談 C 家族愛、家庭生活の充実 終業式 A 個性の伸長 冬季休業	数学	三角形	三角形の性質や数学的な美しさを学び、美しさへの畏敬の念を育む。	D 畏敬の念	・日本の伝統文化と歴史 C 我が国の伝統と文化の尊重		落ち葉清掃 C 郷土を愛する態度 C 社会参画、公共の精神
		社会	身近な地域の調査	身近な地域の調査を通して身近な地域の発展に貢献しようとする。	C 郷土を愛する態度 A 自主、自律			
		音楽	長唄「勧進帳」から	優れた伝統を尊重し、日本人として自覚をもつ。	C 我が国の伝統と文化の尊重			
	始業式 A 希望と勇気、強い意志	国語	走れメロス	主人公の悩みや葛藤を考えることで友情の尊さや信頼について考えを深める。	B 友情、信頼 A 強い意志	【上級学校に目を向けよう】 ・上級学校の仕組み A 個性の伸長	食育(2年生) A 自主、自律、自由と責任	
		音楽	日本の郷土芸能/受け継ごう!郷土の芸能	郷土の伝統を大切にし、社会に尽くした先人や高齢者に尊敬の念を深める。	C 郷土を愛する態度 A 個性の伸長			
生徒会交流会 C 集団生活の充実	定期考査 A 希望と勇気、強い意志 遠足 B 友情、信頼 C 我が国の伝統と文化の尊重	理科	大気の動きと日本の天気	天気のしくみや日本の天気の特徴を知ることで、自然との共生に必要なことを考える。	D 畏敬の念 D 生命の尊さ	・上級学校訪問の準備 訪問の際の態度・マナー 質問内容・取材方法記録の工夫など B 礼儀		
		保体	武道	伝統的な行動の仕方、考え方を理解する。	B 礼儀 C 我が国の伝統と文化の尊重			
		音楽	心通う合唱 指揮をしてみよう	学級や学校の一員として自覚をもつ。	C よりよい学校生活、集団生活の充実			
	上級学校訪問 A 個性の伸長 セイフティー教室 A 節度、節制 B 感謝 卒業式 A 個性の伸長 修了式 A 個性の伸長 春季休業	保体	傷害の防止	周囲の状況に応じて安全に考え行動し、対応する力を育成する。	D 生命の尊さ C 遵法精神	・上級学校の訪問・見学 B 礼儀 ・進路選択で生かすべき体験の教訓 A 個性の伸長		
		英語	Book2 Project 観光パンフレットを作ろう	生まれ育った地域に愛着を持つ。	C 郷土を愛する態度			

西池袋中学校第3年生　道徳全体計画の「別葉」（平成29年度）

月	授	道徳「3 自分をのばす」					特別活動
		主題名	内容項目	資料名	ねらい	「私たちの道徳」関連ページ	学級活動
4月	①	よりよい自己の追求	—	道はいつもひらかれている	人間としてよりよく生きるため、理想の自己を目指し、前向きに歩み続ける道徳的実践意欲を培う。	P5～7	最上級生の自覚と役割 C よりよい学校生活 学級生活を充実させよう B 礼儀
	②	真理を愛する生き方	A 真理の探究	ジョイス	真理を愛し真実を求める生き方に共感し、自分の人生を歩んでいこうという道徳的心情を育てる。	P32～37	実り多い1年にするために A 希望と勇気、克己と強い意志
	③	目標に向かう意志	A 克己と強い意志	やさしいうそ	障害や困難に屈せず、希望と勇気をもって最後までねばり強くやり抜く道徳的態度を育成する。	P16～21	校外学習（6組） C 公徳心　D 感動、畏敬の念
5月	①	父母への感謝	C 家族愛	スダチの苗木	父母の深い愛情を知り、家族の一員としてよりよい家庭生活を営もうとする道徳的態度を育成する。	P180～193	一人ひとりががんばり、最高の学年にしよう C よりよい学校生活、集団生活の充実 進路プランの作成 A 真理の探究、創造
	②	信頼に支えられた友情	B 友情、信頼	アキラのケータイ	人間関係としての友情を考え、お互いに励まし合うことの大切さに気づき、よい友人関係を築こうとする道徳的実践意欲を育む。	P60～65	進路の希望と学習 A 希望と勇気、克己と強い意志
	③	美しい生活習慣	A 節度、節制	りんごの何を食べるのか	節度を守り節制に心掛けた調和のある生活の豊かさを知り、自己の生活を正そうとする道徳的態度を育成する。	P10～15	
6月	①	試練が育てる友情	B 友情、信頼	ライバル	真の友情や友の尊さを理解し、信頼と敬愛の念に支えられた友人関係を築こうとする道徳的態度を育てる。	P60～65	情報化社会への対応 A 自主、自律、自由と責任 生徒会活動の充実 C よりよい学校生活 望ましい校風をつくろう C よりよい学校生活
	②	生命の尊さ	D 生命の尊さ	ドナーカード	決して軽々しく扱われるべきではない生命の尊さを深く自覚し、自他の生命を尊重する道徳的態度を育成する。	P98～113	
	③	自然への畏敬	D 自然愛護、畏敬の念	一枚の葉	自然の摂理に生命の尊さを感じ、生きとし生けるすべてのものへの感謝と尊敬の念をもとうとする道徳的心情を育てる。	P148～159	
	④	夢を追い求める心	A 向上心、個性の伸長	「脚本家が出来上がるまで。」	目的や目標をもち、理想を求めて、力強く積極的に自己の人生を切り拓こうとする道徳的実践意欲を培う。	P38～45	
7月	①	弱さの克服	D よりよく生きる喜び	二人の弟子	自分の弱さ醜さと向き合い、それを克服することで誇りある生き方に近づこうとする道徳的態度を育てる。	P120～131	思春期の心とからだ B 友情、信頼 悩みや不安の解消 A 節度、節制
	②	平和でよりよい世界の実現	C 国際貢献	もっとも悲しむべきことは、病めることでも貧しいことでもなく	どの国の人々も同じ人間として尊重し、世界平和と人類の幸福に貢献しようとする道徳的態度を育成する。	P212～219	
8・9月	①	思慮深い判断と責任	A 自主、自律	ウサギ	自主的に判断、行動するだけでなく、その行為が及ぼす結果についても熟慮して行動できる道徳的態度を育成する。	P22～31	よりよい学級生活を創る C よりよい学校生活、集団生活の充実 いい友人関係をつくろう B 友情、信頼 学習方法を改善しよう A 節度、節制 助け合い学習を進めよう B 友情、信頼

		教員		資料名	内容項目	
	②	関口 礼之	3年1組	ひまわり（自分をのばす・あかつき）	D	よりよく生きる喜び
	③	濱田 真紀子	3年2組	言葉の向こうに（私たちの道徳・文科省）	B	相互理解、寛容
	④	竹内 千智	3年3組	ちっぽけな勇気（Jポップで創る中学道徳）	A	希望と勇気、克己と強い意志
10月	①	栗田 隆之	3年4組	監督がくれたメダル（自分をのばす・あかつき）	C	よりよい学校生活、集団生活の充実
	②	貴堂 昌子		小さな手鏡（自分をのばす・あかつき）	A	向上心、個性の伸長
	③	石本 光拓		おはようございます（自分をのばす・あかつき）	B	礼儀
		菊地 徹		土曜の朝に（自分をのばす・あかつき）	B	思いやり、感謝

（十八番授業）

働くことと学ぶこと
A 真理の探究、創造
生きがいと仕事
A 真理の探究、創造
いじめを許さない
B 相互理解、寛容
思い出に残る行事にしよう
D 感動、畏敬の念

月	授	主題名	内容項目	資料名	ねらい	関連ページ	学級活動
11月	①	思いやりの心	B 思いやり、感謝	月明かりで見送った夜汽車	思いやりの根底にある人間への深い理解と共感を認識し、人間愛に満ちた道徳的心情を育てる。	P54～59	進路情報の収集と活用 A 自主、自律、自由と責任 進路希望の確認 A 希望と勇気、克己と強い意志 自分のよさを知る A 個性の伸長
	②	家族への敬愛	C 家族愛	天使の舞い降りた朝	親の無私の愛情に感謝し、自己の生き方を顧みながら、家族とよりよい関係を築こうとする道徳的態度を育成する。	P180～193	
	③	深い人類愛	C 国際貢献	海と空—樫野の人々—（私たちの道徳）	どの国の人々も同じ人間として尊重し、世界平和と人類の幸福に貢献しようとする道徳的態度を育成する。	P220～225	
	④	法の理解と遵守	C 遵法精神	招集通知—あなたが裁判員になるとき—	法の意義を正しく理解し、自ら権利を行使し義務を果たすことで社会の秩序と規律を高めようとする道徳的態度を育む。	P134～147	
12月	①	伝統の継承	C 我が国の伝統と文化の尊重	運命の木—姫路城の人柱	わが国の伝統文化の重みを知り、それを継承していくことの重要性に気づき、よき後継者になろうとする道徳的心情を育てる。	P206～211	個性の伸長と生活の充実 A 個性の伸長 進路の選択と決定 A 希望と勇気、克己と強い意志 高校訪問・体験入学 A 真理の探究、創造
	②	いじめを許さぬ心	C 公正、公平、社会正義	卒業文集最後の二行	いじめの愚かさを知り、差別、偏見を憎み、不正な言動を断固として許さないとする道徳的態度を育成する。	P160～105 230～237	
	③	勤労の尊さ	C 勤労	てんびんばかり	勤労の意義や尊さを理解し、働くことについての正しい考え方を育て、自ら実践しようとする道徳的態度を育成する。	P172～177	
1月	①	心のふれ合い	B 思いやり、感謝	ある元旦のこと	人は互いに助け合って生きていることを自覚し、感謝と思いやりの心で他と接しようとする道徳的実践意欲を培う。	P54～59	あせりと不安の解消 D よりよく生きる喜び 面接の練習をしよう B 礼儀 学び続ける価値 A 真理の探究、創造
	②	郷土を愛する心	C 郷土の伝統と文化の尊重	ようこそ「やねせん」へ	自分の住む地域社会への認識を深め、郷土を愛し、その発展に貢献しようとする道徳的実践意欲を培う。	P200～205	
	③	つながり合う社会	C 社会参画、公共の精神	原稿用紙	人と人とのつながり合いの中で、助け合い、励まし合ってよりよい社会をつくろうとする道徳的実践意欲を培う。	P148～159	
2月	①	誇りある生き方	D よりよく、生きる喜び	高砂丸とポトマック川のこと	人間のもつ美しさ気高さを信じ、人間的な崇高な生き方を実現しようとする道徳的心情を育てる。	P120～131	喫煙・飲酒・薬物乱用を考える A 節度、節制 正しい食生活 A 節度、節制
	②	志高く生きる	A 真理の探究	風に立つライオン	絶えず高い理想を求め、志をもって明るく生きることで、自己の人生を豊かにしようという道徳的実践意欲を培う。	P54～59	
	③	愛校心	C 集団生活の充実	心がひとつに	学校に所属する一員としての自覚を深め、皆と協力しよりよい校風を築こうとする道徳的心情を育てる。	P194～199	
3月	①	きまりを守る	C 遵法精神、公徳心	元さんと二通の手紙	きまりを遵守し、確実に義務を果たすことで、よりよい社会をつくろうとする道徳的実践意欲を培う。	P134～147	在校生へのメッセージ B 感謝 3年間の思い出 B 感謝
	②	謙虚な心	B 相互理解、寛容	山寺のびわの実	相手の立場や考え方を尊重し、謙虚な広い心で他に学ぼうとする道徳的態度を育てる。	P72～81	

生徒会活動	学校行事	教科	教材・単元	道徳的ねらい	内容項目	総合的な学習	健康 安全・食育	地域・家庭との連携、オリンピック・パラリンピック
対面式 C よりよい学校生活 A 希望と勇気，克己と強い意志 委員認証式 A 自主，自律，自由と責任 募金活動 B 思いやり	始業式・入学式 A 希望と勇気，克己と強い意志 じよりよい学校生活 離任式 B 自由 C よりよい学校生活 開校記念日 地域訪問 C 郷土を愛する態度	社会 家庭 美術	二度の世界大戦と日本 幼児とのふれあい 和菓子のデザイン	戦争の学習を通じて、国際理解を深める。 思いやりの心を持って人と接する 日本文化の良さに気付き、新しい文化を創造しようとする。	C 国際理解 C 我が国の伝統と文化の尊重 B 思いやり C 我が国の伝統と文化の尊重	◇学習課題に沿った学習計画の立案 A 自主，自律，自由と責任	A 節度，節制	
運動会練習 A 自主，自律，自由と責任 C よりよい学校生活	内科検診 A 節度，節制 運動会練習 A 希望と勇気，克己と強い意志 B 友情，信頼 C よりよい学校生活	数学 保体 英語	文字式の活用 ダンス Chapter 1 Project 日本の伝統文化を紹介しよう	筋道を立てて考え、表現する能力を高めることで道徳的判断力の育成を図る。 表現や踊りでの交流を通して、仲間とのコミュニケーションを豊かにする。 日本文化の良さに気つき、文化を継承しようとする心を持つ。	A 真理の探究，創造 C よりよい学校生活，B 友情，信頼 C 我が国の伝統と文化の尊重		健康診断 A 節度，節制	
	運動会 A 希望と勇気，克己と強い意志 B 友情，信頼 C よりよい学校生活 定期考査 A 希望と勇気，克己と強い意志 進路説明会（第1回） A 個性の伸長	美術 音楽 理科 国語	自画像の点描 風の中の青春 生物の生長と細胞 生物の生殖と細胞 俳句の可能性	点で作り出す濃淡の美しさを味わう 集団の中での自分の役割と責任を自覚して集団生活の充実に努める。 生命の連続性や有限性を理解し、かけがえのない生命を尊重しようとする。 日本の伝統的言語文化である俳句について理解を深め、親しむ。	D 感動 C よりよい学校生活，集団生活の充実 D 生命の尊さ C 我が国の伝統と文化の尊重	【歴史や文化に学ぶ】 ・日本の伝統文化 ・日本の古都、京都・奈良 C 我が国の伝統と文化の尊重	命の授業 D 生命の尊さ 身体・体力測定 A 節度，節制	
生徒会交流会 C 集団生活の充実	終業式 A 個性の伸長 夏季休業	英語 社会	Chapter 2 Project インタビューをしよう 私たちが生きる現代社会の特色、現代社会の文化と私たち	インタビューを通して相手を尊重するもつ。 現代社会の特色を理解し、自国の伝統と文化を尊重しようとする。	B 礼儀 B 相互理解，寛容 C 遵法精神，公徳心 C 我が国の伝統と文化の尊重 A 自主，自律，自由と責任	【情報の適切な活用】 ・コンピュータやインターネットなどの適切活用・情報収集	貧血、骨密度測定 A 節度，節制	
生徒会役員選挙 A 自主，自律，自由と責任 委員認証式 小学生体験授業 C よりよい学校生活	始業式 A 希望と勇気，克己と強い意志 定期考査 A 希望と勇気，克己と強い意志 小学生体験授業 C よりよい学校生活 道徳授業地区公開講座 B 友情，信頼	美術 保体 社会 家庭	自画像のコラージュ 水泳 個人の尊重と日本国憲法 これからのわたしと家族	自分の内面を見つめ、自分の良さや個性と向き合うことで、個性を伸長する。 記録の向上や競技の楽しさや喜びを味わい、健康や安全に気を配る。 憲法をもとに、規範意識を高め、お互いを尊重しようとする。 家族の一員として、自覚をもって家庭生活を築く。	A 個性の伸長 A 克己と強い意志，D 生命の尊さ C 遵法精神，公徳心，C 公正，公平，社会正義 A 自主，自律 C 家族愛，家庭生活の充実			道徳授業地区公開講座 C よりよい学校生活
中央委員会・専門委員会 A 自主，自律，自由と責任 あいさつ運動 B 礼儀	修学旅行 B 礼儀 C 公徳心 C よりよい学校生活、集団生活の充実 文化発表会 D 感動、畏敬の念 安全指導・避難訓練 A 節度，節制	国語 美術 理科 国語	新聞の社説を比較して読もう 篆刻 酸・アルカリとイオン 古今和歌集 仮名序 君待つと 古典を心の中に	視点を定めて社説を読み、自主的に考え判断する力を養う。 篆刻の文化を学ぶことで、他国や自国の文化を尊重しようとする態度を養う。 身の回りの物質のpHを調べたり中和のしくみを学ぶことを通して真理の探究に努める。 伝統的な言語文化としての和歌の世界に親しむ。	A 自主，自律 C 国際理解 A 真理の探究，創造 C 我が国の伝統と文化の尊重			
	進路説明会（第2回） A 個性の伸長 進路面談 A 個性の伸長 定期考査 A 希望と勇気，克己と強い意志	美術 音楽 理科 技術	コラージュ Let's Create！ 太陽系と宇宙の広がり 情報モラルと知的財産	自分の内面を見つめ、自分の良さや個性と向き合うことで、よい個性を伸長する。 自己の向上を図るとともに、個性を伸ばして充実した生き方を追及する。 私たちが生活する太陽系について学ぶことで、地球環境を大切にする心を育む。 情報モラルの学習を通して、法やきまりを理解する。	A 個性の伸長 A 個性の伸長 D 自然愛護 C 遵法精神	・進路選択に関わる自分の考えを深める A 個性の伸長		パラリンピック選手による講演会 A 向上心，個性の伸長 A 克己と強い意志 地域の運動会 C 郷土を愛する態度 C 社会参画，公共の精神
	三者面談 C 家族愛、家庭生活の充実 救急講習 D 生命の尊さ 終業式 A 個性の伸長 冬季休業	音楽 英語 国語	平調「越天楽」「羽衣」から Chapter4 Project 自分の意見を言おう 故郷	優れた伝統を尊重し、日本人としての自覚をもつ。 自分の意見を発信することで、強い意志を持つ。 希望と勇気を持ち、困難を乗り越え理想を実現しようとする態度を育てる。	C 我が国の伝統と文化の尊重 A 克己と強い意志 A 希望と勇気，克己と強い意志	・新しい学習課題の発見 進路に関する課題の学習から A 希望と勇気，克己と強い意志	落ち葉清掃 C 郷土を愛する態度 C 社会参画，公共の精神	
	始業式 A 希望と勇気，克己と強い意志	数学 音楽 保体	標本調査 世界の諸民族の音楽 健康な生活と病気の予防	事象を数理的に捉え、整理することで、真理を探究する態度を養う。 世界の音楽を学ぶことで、他国を尊重する心を育み、国際理解につなげる。 要因に対する適切な対策を理解し実践する力を育む。	A 真理の探究，創造 B 相互理解，寛容 C 国際理解 A 節度，節制 D 生命の尊さ	・進路の選択・決定 A 自主，自律，自由と責任		
生徒会交流会 C 集団生活の充実	定期考査 A 希望と勇気，克己と強い意志 都立高校入試 A 希望と勇気，克己と強い意志	社会 国語 音楽	持続可能な社会を目指して 私を束ねないで 心通う合唱 指揮をしてみよう	次世代の子供たちのために、持続可能な社会を目指そうとする。 自己を見つめ個性を伸ばして、充実した生き方を追及する態度を育てる。 学級や学校の一員としての自覚を持つ。	C 公徳心 A 自主，自律 A 個性の伸長 C よりよい学校生活，集団生活の充実 C 公徳心	・情報化社会の課題 情報モラル 個人情報の保護	薬物乱用防止教室 A 節度，節制	
	卒業式 B 感謝 春季休業	美術 理科	鑑賞 自然環境の保全と科学技術	美しいものに感動する豊かな心をもつ。 持続可能な社会を目指し、環境の保全や科学技術の発展に努めようとする態度を養う。	D 感動，畏敬の念 B 思いやり，感謝 D 自然愛護 C 公徳心	・卒業に向けて B 思いやり，感謝	健康教育（3年） D 生命の尊さ	

2　東京都豊島区立西池袋中学校の「考え，議論する道徳」

❶ 1年　教材「笛」

自分の意見も他人の意見も大切に

１　主題設定の理由

(1) 生徒の実態

　相手を思いやることができ，朗らかな集団ではあるが，やはり中学１年生という時期ならではの，自分のことを最優先に物事を考えてしまいがちな生徒が多い。しかし言葉では「広い心で相手のことを思いやることが大切」などと言う。「相互理解，寛容」は，言うは易いが実際に行動することは難しいことを実感する授業にしたい。

(2) ねらい

　人間相互の理解は，自分の考えや意見を発信することが一つの鍵になる。さまざまな物事について，自分の考えや意見を人に伝えることは，人間関係を築き，相互理解をするために欠かすことができない。人間は，自分なりの角度や視点から物事を見ることが多い。他者との関わりの中で具体的な物事について話し合ってみないと，自分の心の狭さに気づくことができない。そして，自分自身も他者も，それぞれのものの見方や考え方にとらわれ，過ちを犯しやすい人間であると深く理解することで，自分と異なる他者の立場や考え方を尊重することができる。寛容の心をもてば，他者のよい面を積極的に認めようとすることができるのである。

(3) 教材「笛」について

　３人の少年たちが，大好きなジョンから贈られた笛を自分のものにしようと争い，自分の主張を譲らずに最終的には悲しい結果に終わったのではないかという暗示のある話である。笛をどの少年のものにするか，どの言い分を援護しても話は終わらないうまいジレンマになっているので，誰のものにすべきか話し合うことで，少年たちの話合いの足らなさに気づくことができる教材である。

２　指導計画

　本授業は，第２学期の最初に実施する「ローテーション授業」に計画した。道徳教育推進教師が担当し，所属する学年全クラスで授業を行う。「いじめ」解消に向けた内容項目の一つである「相互理解，寛容」を重点の一つとした。

　６月　国語「情報の集め方を知ろう」（読むこと）：情報の集め方を知り，適切に読み取る。特に，人から聞いて情報を得る場合の依頼方法，コミュニケーションの取り方など，相互理解と関連づけた。

2月 国語「印象深く思いを伝えよう」(書くこと):新入生へのメッセージを書くことを通して表現を工夫して印象深く伝える工夫を通して,相互理解と関連づけた。

❸ 評価について

以下の観点で評価を行う。
- 人にはいろいろなものの見方や考え方があるため,話し合うことは難しいのだということに気づくことができたか。
- 相互の理解が難しいからこそ,自他の個性や立場を尊重し合い,話し合うことでよりよい解決をめざすことが大切であることを考えることができたか。

❹ 指導の手立て(手法)について

話合いの場面では,「最良の結末」という言葉で3人の少年たちやジョンの気持ちに報いるような結末を考えさせる。その中で,自分たち自身の話合いは,きちんとできていたかどうかも振り返りをさせる。

また,その話合いの時間を確保するために,導入はなるべく短時間で行いたい。そのために,複雑な時間経過や登場人物の多いこの教材を,なるべく短時間で理解させ,話合いに入ることができるよう,導入は教材への導入とし,ピクチャーカードを使って視覚的にもわかりやすく工夫した。

❺ 生徒指導,キャリア教育,特別活動などとの関連

5月に「Q-U(QUESTIONNAIRE-UTILITIES):楽しい学校生活を送るためのアンケート調査」(図書文化社発行)を実施し,その結果から,教師が個々の生徒の学級満足度などを客観的に把握し,生徒指導に生かす。その際,生徒同士の相互理解に役立てる。

6月の「運動会」では,学級の帰属意識が高まり,協力することを学びながら,相互理解,寛容の態度を育成し,課題の解決に努める。

6・11・2月に「いじめ問題アンケート」を実施。相互理解と寛容の態度の育成に生かす。

6 指導案

- ●対象学年　　　　第1学年
- ●主題　　　　　　自分の意見も他人の意見も大切に
- ●内容項目　　　　B［相互理解，寛容］
- ●教材（出典）　　「笛」（出典：文部省「道徳教育推進指導資料　第6集」）

ねらい　自分を含め，人にはいろいろなものの見方や考え方があることを理解し，話し合うことの難しさに共感する。そして，自分の考えや意見を相手に伝えるとともに，それぞれの個性や立場を尊重し話し合うことでよりよい解決をめざそうとする大切さに気づく。

	おもな発問と生徒の反応（○教師　☆生徒）	指導上の留意点
導入 3分	1．資料への導入 ○ピクチャーカードを使って人物関係を説明しながら，回想シーンからなる話の組み立てを説明する。 2．教材を読む ○教師の範読を行う。	・なるべく短時間に抑える
展開前 42分	3．何が問題かを考える（課題発見） 【発問1】（中心発問） ○笛は誰が持つのがいいのか。ジョンの気持ちを大切にして，老人の後悔にも報いるような，この話の最良の結末とその理由を考えよう。 （1）ワークシートに自分の意見をまとめる。 ○ワークシートに書かせることで自分の意見をしっかりともたせる。3人の気持ちに折り合いをつけるだけでなく，ずっと仲良くしてほしいと言って笛を渡したジョンの気持ちにも立ち返ることができるよう声かけをする。 （2）グループ内で最良の結末と理由を話し合う。 ○話合いのポイントは「最良の結末」であること。少年の誰かが納得いかない状況ではないか，ジョンの気持ちを忘れた結末ではないかを，グループ内で話し合わせる。 （3）グループごとに意見を発表する。 ☆自他の意見を聞き，より互いの気持ちを考えた結末はどうあるとよかったのかを考えるとともに，自分たちも話合いを通して互いの考えを理解し，よりよい結末を導く体験をする。 （4）どの意見が，「みんなの気持ちを考えた最良の結末か」を全体に聞く。 〈生徒たちの意見〉 ☆アンドレが持っていれば，美しい音色をみんなが聞けるので，アンドレが持つといい。 ☆ピートの家にいたので，そのお礼だから，笛はピートのところに置くのがいい。 ☆ステファニーがその笛を預かった。 ☆笛を若者に返しに行った。	・老人にとって何十年も思い悩むほど大切なことであったのだということを押さえ，老人の思いに応えてあげられるような，また，ジョンの気持ちに応えられるようなよい結末を考えるよう促す。 ・自由に発言させる。 ・他の人の思いを受け止めず，自分の思いだけを主張して譲らなかった少年たちの失敗を考え，お互いの考えをわかり合い解決するための話合いの大切さに気づかせる。

	☆けんかのもとになるなら笛は埋めた。 ☆3人の家を建て，そこに笛を置いた。 4．問題について話し合う（課題解決） 【発問2】（補助発問） ○3人の少年たちがうまくいかなかったのはどうしてか。 (1) 発問を聞いて各自で考える。 (2) 全体で意見を交流する。 ☆自分のことしか考えてなかったから。 ☆ジョンの気持ちを忘れていたから。 ☆今日のような話合いをしなかったから。	
終末 5分	5．学習を振り返る（振り返り） ○「お互いの考えをわかり合い，解決するための話合いの大切さ」の気づきについて感想を発表させ，共有する。なければこちらから伝える。 ☆ジョンは3人がいつまでも仲良くしていてほしいという思いを込めたのだから，3人で一緒に落ち着いて話し合うことができたらいい結末で終われたと思う。 ☆話合いをしていたら仲良く3人で使えていたと思うから，自分の意見を言うのも大切だけれど，人の意見を聞くのも大切だと感じた。 ☆いろいろな意見が出たけれど，よいところと悪いところ両方があった。だから，話合いをして，全員が納得のいくまで話して決めることが大切だと感じた。みんなが，自分のことしか考えていなかったら絶対にうまくいかないと思った。譲り合い，思いやり，話合いが大切だと思った。	・自分の意見をしっかりと言え，他人の意見もよく聞き，よい話合い活動ができた場合は，そのことを褒める。 ・そうでなかった生徒がいた場合は，話し合うことの難しさを確認し，だからこそ話し合うことで理解し合うことの大切さを伝える。

7 実際の授業の様子／生徒の変容

笛をどのようにしたらよいのだろうかという問題に対する解決策として
- ステファニーに持っていてもらう
- 小屋を作って隠しておく
- 出会った場所に埋めてしまう
- 三等分する
- ピートの父に渡す
- 3人一緒に暮らせばよい

などの意見が出た。

話合いをすることで，自分では思いつかないような意見も出て盛り上がった。しかし，どのグループも話合いに行き詰まってしまい，どれも納得のいく答えにならないことに気づく。やがて，話合いの難しさ，だからこその大切さに気づいていく。

- 自分だけでなく，人を思う気持ちをもったほうがよい。また，自分がこの話のように言い合いになったら落ち着いてみんなで話し合うようにする。
- 譲り合いが大切だと思いました。自分の意見を言い通すのではなく，譲ったり話合

いをしっかりしたり，他の意見をきちんと聞くことも必要だと思いました。
- 一人一人一方的に言うのではなく，きちんと話し合ってくれた人の気持ちを考えつつ決めること。
- やはり話合いは大切だった。もし僕が3人の立場だったら，譲り合えたのだろうか。自分の意見を主張し続けずに相手の意見も聞いて受け入れて考えることのできる人になりたい。
- 話合いをして物事を決めることで意見がまとまるということが大切だと思いました。
- みんなの意見も大事だし，発言することも大事だなと思いました。
- 自分は，相手の意見を取り入れることが下手だったことに気づきました。次からは，相手の意見のよいところを取り入れていきたい。
- 自分のことだけしか考えていないと，よいことにはならないと思った。
- 自分を主張しすぎることは，解決にならない。話合いって大事だと感じた。
- 自分の意見を言うことは大切だが，自分のことばかりで他の話を聞かないのはだめだと思った。他の話を聞くことで，みんなが満足し，よい結果になると思う。これからは人の意見を聞き，自分の意見を言えるようにしたい。

8 資料

●ワークシート

「笛」　　　　1年　　組　氏名

笛は誰が持つのがいいのだろうか。老人の気持ちを大切にして、ジョンの気持ちにも報いるような、いちばん良いと思う結末を考えよう。

マイケル
アンドレ
ピート
ステファニー

＊もっとも良い結末

＊その理由

ひとの意見

今日の時間に気づいたこと・考えたこと

今日の道徳を振り返って	○をつけてください			
資料はよかったか。	とても思う	まあまあ思う	あまり思わない	全く思わない
自分も含め人にはいろいろなものの見方や考え方があることに気づくことができたか。	とても思う	まあまあ思う	あまり思わない	全く思わない
話し合いの難しさに気づくことができたか。	とても思う	まあまあ思う	あまり思わない	全く思わない
話し合いによってよりよい解決をめざす大切さを考えることができたか。	とても思う	まあまあ思う	あまり思わない	全く思わない
自分の生き方に取り入れようと思ったか。	とても思う	まあまあ思う	あまり思わない	全く思わない

❷ 1年 教材「ふたりの子供たちへ」

大切な家族へ伝えたいこと

1 主題設定の理由

(1) **生徒の実態**

　自立心が十分に育っておらず依存的な部分が見られる生徒もいるが，多くは，自分の判断や意思で生きていこうとする様子が見られだした。この時期，家族は大切なものだと感じていながらも，自分を支えてくれる父母や祖父母の言動やしつけに反抗的になっている生徒もいる。自我意識が強くなりだした子どもたちは，親への感謝の気持ちを素直に表現することが少なくなってくる。本心では感謝していても，言葉や態度に表すことに恥ずかしさを覚えている。

(2) **授業のねらい**

　父母や祖父母を敬愛する気持ちをよりいっそう高めさせるとともに，家族の愛情に対して子どもからの視点だけではなく，家族それぞれの立場（特に本授業では父親の立場）になって考えられるよう，多面的・多角的に捉えることができるようにする。
　さらに，自分と家族の関わり，家族生活のあり方についても考えさせる。

(3) **教材「ふたりの子供たちへ」について**

　余命いくばくもない恐怖と苦しみの中で，熱や痛みをこらえて娘たちへの手紙を綴る父親。「ふたりの子供たちへ」（祥伝社刊『飛鳥へ，そしてまだ見ぬ子へ』による）の題からもわかるように，娘である飛鳥さんとまだ母親のおなかの中にいる「まだ見ぬ子」の2人に宛てた手紙である。「まだ見ぬ子」は，自分が死んでから生まれてくるであろうことも覚悟している。精一杯の愛情で子どもたちを励まし，自分が亡き後も力を合わせて強く生きてほしいと願う父親の手紙を通してねらいに迫る。大きな家族愛にあふれ，「強く生きよ」「優しく生きよ」と訴えかけてくる。病と闘いながら残りわずかな命を懸命に燃やし続ける筆者の姿と，娘たちに託した数々の言葉から，父親の子どもたちに対する愛情について，家族について深く考えさせることができる教材である。

2 指導計画

　「家族愛，家庭生活の充実」は，第1学年の重点指導内容項目の一つである。年間35時間の授業のうち，5月，11月（本時），3月と各学期に1時間ずつ計3時間の扱いとした。5月の授業は，4月に家庭科で行った「家族・家庭生活」と密接な関係をもたせ

た授業，11月（本時）では，保護者の方をゲストティーチャーに招いた授業を実施した。
　また，全体計画別葉を作成する過程を通して道徳教育を推進した。完成した別葉は，全教育活動を見渡しながら道徳の授業の計画等に生かしている。そして，道徳の授業自体でも前後の授業との関連を意識して計画，準備をすることができた。本時は「家族の愛」がねらいの授業であるが，前時は「いじめを許さない心」がねらいの道徳授業を実施し，次時には「仲間のよさ，温かさ」がねらいの授業を予定している。これは，複数時間の授業の組み合わせで「いじめ問題」という一つのテーマについて考えさせるという計画である。このように道徳授業間の関連や，また学活・行事など道徳との関連を図りながら授業を計画していくこともできる。

3 評価について

　父親から子どもたちへの愛情を手がかりに，子どもから親へ，また家族のつながりについて，自分のこととして考えているか。他の意見等を聞いて，多面的・多角的な広がりを見せているかを評価する。
　話合いの様子，発言，ワークシートへの記入などから，総合的に評価を行う。
・家族の愛やありがたさに気づくことができたか。
・家族の愛に応えようとする気持ちをもつことができたか。

4 指導の手立て（手法）について

(1) ねらいに迫る発問や指導の工夫について
　余命わずかの作者に限らず，どの親も子どもの幸せを願う気持ちは同じなのだということに気づかせるための工夫として，自分たちで親の思いを考え，発表した後で，生徒の親に思いを語ってもらう。

(2) 人間を見つめ，深く考える道徳の授業づくりに向けて
　自分の考えをしっかりともってからグループでの話合いをさせることで，他の意見からより深く学ぶことができると考える。さらに，全体で意見を共有した後，親という別の視点からの思いも聞くことで，違う側面から自分の考えを深めることにつなげる。

5 生徒指導，キャリア教育，特別活動などとの関連

　キャリア教育では，第1学年で「身近な人の職業調べ」，第2学年で「職場体験学習」を実施する。「身近な人の職業調べ」では，親の職業を調べる生徒も多い。そのことを通して，親への感謝の気持ちや家族のことを考える契機ともなる。
　特別活動（学級活動）で，「食育」について取り組む。食べることは生活するうえでの基本であり，家庭生活に直結している。食べることの大切さ，食べられることの

ありがたさを通して，家族の愛情に気づかせる。

特別活動（生徒会活動）では，ボランティア活動などの社会参画について地域の課題を見いだして対策を考え，実践する。親子で地域清掃に参加することなどは，社会参画と同時に親子の絆を深めることにつながっている。

特別活動（学校行事）の儀式的行事，特に入学式，卒業式においては，生徒が親への感謝の気持ちを表現しやすいタイミングである。保護者であるPTA会長の祝辞などを通して，親の気持ちを知る機会ともなる。

6 指導案

- ●対象学年　　　第1学年
- ●主題　　　　　大切な家族へ伝えたいこと
- ●内容項目　　　C［家族愛，家庭生活の充実］
- ●教材（出典）　「ふたりの子供たちへ」（出典：『自分を見つめる』暁教育図書）

ねらい　資料を通して家族の愛のありがたさに気づき，自らも家族の愛に応えようとする道徳的心情を育む。

	おもな発問と生徒の反応（○教師　☆生徒）	指導上の留意点
導入	1．教材の背景について知る ○筆者が病気であることや家族のことなどを簡単に説明する。 2．教材を読む ○教師による範読。	・短時間でまとめる。 ・どんな気持ちで書いているか感じながら聞くよう促す。
展開	3．何が問題かを考える（課題発見） 【発問】 ○「私」はどんな気持ちでこの手紙を書いたのだろうか。 ☆発問1に対して自分の考えを発表する。 　・悲しみの中で書いている。 　・絶望した気持ちで書いている。 　・子供が心配という一心。 4．問題について話し合う（課題解決） 【発問2】 ○この手紙を読んでどんなことを感じたか。 （1）ワークシートに自分の意見をまとめる。 （2）グループ内で意見を出し合い，話し合う。 （3）グループごとに意見を発表する。 ☆どんなに心残りだろうと思うとかわいそう。 ☆親は，子供によく育ってほしいと思っている。 ☆家族の幸せを強く願っている。 ☆子供の将来をすごく心配している。	・子供の成長を見守ることができない悲しさ・つらさを抑え，もう会えなくなる子供たちに最後の願いを書いていることに気づかせる。 ・グループでまとめさせるのではなく，出てきた意見をたくさん発表させる。

	☆家族が支え合って生きることを強く願っている。 ○親の，子に対する願いとは，どのようなものか。 ☆よく育ってほしい。 ☆幸せになってほしい。 ☆困難に負けないでほしい。 **親の思い** ・よく育ってほしい ・家族の幸せ ・子供の将来を心配 ・支え合って生きて ・幸せになってほしい ・困難に負けないで だれでもこう思う 人に愛されてほしい 一生一緒にはいられない つい口うるさくなる 【発問3】（補助発問） ○これは，余命わずかのこのお父さんだから，こう思うのだろうか。 ○自由に発言させる。 ☆そうじゃない ☆親ならみんなこう思うのかも 5．保護者の思いを聞く ○保護者の皆さんは，この手紙を読んでどんなことを感じましたか。 ・普段は口うるさく細かいことを言ってしまうが，それはよく育ってほしいという思いがある。 ・一生一緒にいてあげられない親としては，一人で立派に生きていけるように成長してほしい。だからうまくいかないときには，イライラして怒ってしまうことがある。 ・支え合って生きなければいけないと自分も思う。だから，人に愛される人間に育ってほしいと思う。人に迷惑をかけないようにとか，挨拶しなさい，しっかりしなさいと言うのは，そんな考えがあるから。	・家族の幸せを心から願う父親の気持ちに気づかせる。 ・家族への愛情や思いを，資料を通して語っていただく。事前にねらいを伝えて，何人かにお願いしておく。
終末	6．学習を振り返る ○時間があれば，意見や感想を発表させる。時間がなければみんなの意見を道徳通信の形でまとめて，意見を共有させる。	・授業で学んだことを書かせ，自己評価につなげる。

7 実際の授業の様子／生徒の変容

・家族をこれからも大切にしていきたいと思いました。
・保護者の方の話を聞いて，井村さんだけでなくどの親にも同じような気持ちがあり，愛情があるのだなと思いました。
・まだ親になったことがないから親の気持ちはわからなかったが，保護者の方の話を

聞いてとても感動した。自分は親から愛されていることも改めて感じることができた。
- 私の親は普段の生活の中では，この手紙のようなことは言わないけれど，同じようなことを思っているのだなと思いました。

- もし，僕の親が同じ立場だったらこうするかもしれない。そう思うと，なんだか照れくさい。
- 親の愛情はすごい。普段，うるさいことを言う私の親も，同じなのだと思う。
- 井村さんのようになりたいと思った。なぜなら病気でつらいはずなのに，しっかりと子どものことを考えて本当にかっこいいと思った。
- 自分も親によく怒られるし，とてもむかつきます。でも，他の親御さんの話を聞いて，僕のことが大切だからそんなことを言ってくれているのだなと思うと感謝です。
- いつもお母さんやお父さんに叱られて，「わかっているよ」と口答えするけど，自分のために言ってくれているのだなと改めて感じた。
- 親の子どもに対する愛情が伝わってきた。私も親に感謝しているけれど，感謝の気持ちを表現するのは難しい。でも，少しずつでもいいから感謝の気持ちを伝えていきたい。
- 自分はまだ親になっていないから正直わからないところもあるのだと思う。でも，自分が今幸せでいられるのは親がいるからだ。親はどうすれば子どもが幸せになれるのか，何をすればいいのかたくさん悩んでくれたと思う。自分が大人になったとき，親によかったと思ってもらえるように頑張って生きていきたい。自分も親のことをすごく幸せに大切にしていきたい。
- 自分の親が何を考えて私に話しかけているのかが少しわかった気がする。友達や保護者の意見を聞いて，みんな愛されているのだと思った。親への感謝を忘れないようにしたい。
- 自分が大人になり，もし親になれたら井村さんみたいなたくましい親になりたいと思いました。また，親はいろいろなことを考えているとわかって感謝の気持ちでいっぱいになりました。保護者の話を聞いて，親への感謝を忘れずにいようと思いました。

8 資料

●ワークシート

ふたりの子供たちへ　　1年　　組　　番　氏名　＿＿＿＿＿＿＿

この手紙を読んでどんなことを感じたか

> 自分の考え

> ひとの考え

> この時間に考えたこと・感じたこと

今日の道徳を振り返って　　　1年　　組　　番　氏名　＿＿＿＿＿＿＿

資料はよかったか。	とても思う	まあまあ思う	あまり思わない	全く思わない
いろいろな見方をしたり，いろいろな考え方にふれたりすることができたか。	とても思う	まあまあ思う	あまり思わない	全く思わない
「親の思い」について理解を深めることができたか。	とても思う	まあまあ思う	あまり思わない	全く思わない
自分の問題として考えることができたか。	とても思う	まあまあ思う	あまり思わない	全く思わない
自分の生き方に生かそうと思ったか。	とても思う	まあまあ思う	あまり思わない	全く思わない

❸ 3年　教材「ドナーカード」「繋がる命，愛情注いでね」

生命の尊重

1　主題設定の理由

(1) 生徒の実態

　三者面談を終えたばかりで，自分の進路について真剣に考え出してきた。未来に向かい目標に向けて努力しようとしているところである。しかし，それは命があり，未来が続いていると考えられるからであるという意識は薄い。また，命が大切なものであるということは，漠然と理解しているものの，「生」や「死」について自分や家族のこととして考える機会は少ない。

　最近，親を亡くしたばかりの生徒がいる。「命の大切さ」を扱う主題であり，配慮して臨む必要がある。

(2) 授業のねらい

　「生命の尊さを理解し，かけがえのない自他の生命を尊重する」という道徳的価値を内容としている。現代は医療技術が発達し，人間の寿命を飛躍的に延長させた。同時に，生命に対する倫理的な問題も抱えている。なかでも臓器移植に関連する「脳死」が生か死かという概念は，簡単には答えの出せないものがある。

　また，現代は「ムカついたから」「誰でもよかった」などという動機での殺傷事件も起き，生命に対する考えが希薄になってしまっている。中学生にとっても，漫画やゲームの中で人を傷つけるシーンを目にする機会が多く，命の尊さに触れる機会が少なくなっている。

　本教材は「命」を重く受け止め，その尊さを自覚し，自他の生命を尊重しようとする態度を育成するのに適した教材である。生命の尊さについて，その連続性や有限性なども含めて理解し，かけがえのない生命を尊重する態度を育てる。

(3) 教材「ドナーカード」「繋がる命，愛情注いでね」について

　この2つの教材は，脳死臓器移植について市民としての率直な感想が述べられた新聞への投稿である。娘をドナーにすることはできないが，移植を待ちながら亡くなっていく幼い子どもには涙してしまう母親と自分の子どもの臓器が他の人の体で生きてほしいと思う2人の親の気持ちを書いた教材である。自分や自分の大切な人が脳死になったらどうするのか。この教材では臓器提供の賛否を問うのではなく，臓器提供する側，しない側も「生命尊重」に基づいていることを気づかせたい。そして，命は軽々しく扱われるものではなくかけがえのない大切なものであることを感じさせられる教材である。

2 指導計画

　第3学年では「生命の尊さ」を6月に位置づけた。これは，理科の授業で「生物の成長と細胞」「生物の生殖と細胞」をこの時期に学習するからである。そのほかにも理科の「食物連鎖」の学習や，保健体育科での「水泳」「健康な生活と病気の予防」など，生命と関係深い領域との関連づけも意識して指導する。

3 評価について

以下の観点で評価を行う。
- 自分のこととして生命の尊さを深く捉え，自他の生命を尊重する態度が見られたか。
- さまざまな意見に接することで，多面的に生命の尊さや家族の愛情について考えようとする態度が見られたか。

4 指導の手立て（手法）について

- 自分の考えと親や子ども，臓器手術希望者やその家族と提供者など，状況や立場の違いで考えが異なる場合がある。生徒に葛藤が起きるような発問や補助発問の構成をして，生徒の主体的な考えを引き出しながら授業を展開する。
- 事前（学級活動の時間）に臓器移植ネットワークの方から臓器移植について話を聞く。「脳死」の定義や臓器移植の種類，日本の脳死手術の実態等を知り，臓器移植の理解を深めたうえで授業を行う。
- 人前で発表することを苦手とする生徒がいるため，ICT機器（コラボノート）の意見交換型思考ツールを活用する。コラボノートとは，全員が同時に意見を書けて，いろいろな生徒の意見を同時に見られ，その場でコメントをつけ足すことができるものである。つまり，意見交換や情報の共有を容易にできる「見える化」の思考ツールといえる。
- 普段内面を言葉で表現できない生徒も，コラボノートに打ち込むことは比較的しやすく，自分のありのままの考えを記入することができる。しかし，一方でノートに打ち込むことに精一杯になってしまい，言葉のやりとりがおろそかになることもある。
- 誰が書き込んだのか他者からわからないようにすることで，生徒の素直な意見を引き出す。
- ICT機器を活用することで，多くの生徒の意見を多面的に捉える。

5 生徒指導，キャリア教育，特別活動などとの関連

　総合的な学習の時間の位置づけで「健康・安全教育」の時間をとり，6月に「命の授業」（講師：日本誕生学会員，ゲスト（赤ちゃんとお母さん）），3月に「健康教育」（講師：保健所職員）を実施。12月には特別活動の時間に「救急救命法」（講師：消防署職員）で，人工呼吸，心臓マッサージ，AEDの使用法の実技講習を行う。どの授業も「生命尊重」との関連が強いので，生徒たちに「命」を意識させている。

　講師を招聘する関係で，時期が希望どおりにならないものもあるが，6月に「命の授業」を実施するのは，道徳との関連性によるものである。

6 指導案

- ●対象学年　　　　第3学年
- ●主題　　　　　　生命の尊重
- ●内容項目　　　　中心内容項目　D［生命の尊さ］
  　　　　　　　　関連内容項目　C［家族愛，家庭生活の充実］
- ●教材（出典）　　「ドナーカード」（出典：『自分をのばす』廣済堂あかつき）
  　　　　　　　　「繋がる命，愛情注いでね」（出典：朝日新聞朝刊［東京］2016年2月26日）

ねらい

　ドナーカードを通して，決して軽々しく扱われるべきではない生命の尊さを深く自覚し，自他の生命を尊重する。

	おもな発問と生徒の反応（○教師　☆生徒）	指導上の留意点
導入	**1．脳死について知る** ○日本臓器ネットワークの方の話の感想を発表しよう。 ☆脳死の意味がわかった。 ☆世界の中でも日本が脳死手術が少ないことがわかった。	・学級活動で聞いた臓器移植ネットワークの方の話を思い出させる。
展開	**2．何が問題かを考える（課題発見）** （1）自分の場合について考える。 【発問1】 ○もし自分が脳死になったら，自分は臓器を提供しますか。また，なぜ，その色の付箋を貼ったのか，理由を記入しましょう。 ○「ドナーカード」を範読する。 ○コラボノートを使用し，自分の考えを発表してみよう。 ○臓器提供する場合には「青」の付箋を，臓器提供しない場合には「赤」の付箋を貼ろう。 ○「臓器移植提供を経験した子供をもつ保護者の声」を範読する。	・コラボノートには無記名で記入し，気持ちを書きやすいようにする。 ・親にとって子どもの命がどれだけ大切なものであるか共感させる。 ・臓器移植に関する視点を変えることで，生命の尊重についてさまざまな考えや思いを述べることができる。 ・どちらの立場が正しいとい

	○「繋がる命，愛情注いでね」を範読する。 〈青〉 ☆提供する家族に希望を与えたい。 ☆脳死であるなら，人助けしたい。 ☆自分の臓器も生き続けるし，他の人も助かるなら。 ☆他の家族にも自分の家族のように悲しんでほしくない。 〈赤〉 ☆家族ならいいが，他人なら正直迷う。 ☆家族に看取ってもらえない。 ☆家族や親族を迷わせてしまうなら提供しない。 〈他（決められない）〉 ☆まだ中学生なので，今の自分では判断できない。 ☆臓器提供の意義は理解するが，親からもらった自分の体なので大切にしたいという気持ちがある。 (2) 自分の大切な人の場合について考える。 【発問2】 ○もし自分の大切な人が脳死状態になったら，臓器を提供しますか。 ○臓器提供する場合には「青」の付箋を，臓器提供しない場合には「赤」の付箋を貼り，理由を書く。 〈青〉 ☆本人が提供してもよいというのなら，その意思を尊重する。 ☆もう助かる見込みのない命で他の人の役に立てるなら。 ☆事前に家族でよく話し合っておいたならよい。 〈赤〉 ☆頭では理解していても，実際になったら提供できない。（体が温かいうちは無理だと思う。） ☆ある程度の年齢の人ならよくても，自分の子どもだったら提供できない。 ☆今の自分では判断できないので，提供できない。 **3．問題について話し合う（課題解決）** (1) 多様な意見に目を向けさせる。 【発問3】 ○なぜこんなにもいろいろな考えがあるのでしょうか。理由を記入しましょう。 ☆いろいろな意見があるが，大切な体だから簡単には決められない。 ☆命は尊いものなので，軽々しく判断できない。提供する側，もらう側それぞれの命に関わるものだから。 ☆物の受け渡しと違って簡単な問題ではない。一番大切な命の問題だから。 ☆自分の「はい」「いいえ」で家族の未来も変わる気がする。 ☆人の死，まして家族の死が関わっているのでさまざまな思いが交錯するから。	うことはないことを確認する。 ・さまざまな意見に接し，生命の尊さや家族の愛情について考えようとする様子を見取る。

終末	4．学習を振り返る（振り返り） ○授業の感想を書く。 ☆臓器移植に賛成の人も反対の人もクラスの意見を聞くと誰も間違っていないし，家族や自分の大切な人の命だからこそ，たくさん迷うし，さまざまな意見が出てくるのだと改めて感じた。やはり，命は大切だと本当に感じ取ることができた。 ☆命の扱いを考えると臓器移植提供はさまざまな人の意見や感情などが交ざるものだが，本人の意思表示も大切だと思う。家族とよく相談しておく必要がある。 ☆自分の命も大切な人の命も簡単には扱えないし，移植はすぐには決められない。だからこそ，今からしっかり自分の生き方について考える必要があると感じた。	・できるだけ多くの生徒に発言する機会を与える。 ・自分のこととして考えさせる。

7 実際の授業の様子／生徒の変容

〈多面的，多角的に考えが広がった例〉
- 一人一人の意見に違いがあるけれど，一ついえることはみんな命の大切さを考えていたということです。軽々しく提供したいなんていう人もいないし，絶対にしたくないという人もいなかったので，誰の意見も間違いでないと思う。
- 家族の臓器提供は積極的には行いたくないと考えていたが，もし，自分の家族がそれでなければ命が助からないという逆の立場であったなら，臓器提供を望んでしまう。人は，自分の都合のよいほうに考えてしまうのかなと思っていたら，同じような考えの人がいて安心した。みんな，命のことを真剣に考えている。臓器提供を通して命の大切さについて考えることができた。

〈深い学びにつながった例〉
- 最初は深く考えずに臓器移植をすると思っていたけれど，いろいろな話を聞いて，そんなに簡単に決められないし，命って難しいと思った。班の人の話を聞いて命のことは何を考えるより難しいと思った。自分の命，家族の命についてもよく考えるきっかけとなった。家族でも話してみたい。
- 脳死や臓器提供について理解し，きちんと知っておかなければ，軽々しく議論してはいけないテーマだと感じた。これからの時代は臓器提供のことについて考えることが増えると思う。自分の意思をきちんと伝えるためにも，脳死や臓器提供についてきちんと調べてみようと思う。

〈自分のこととして考えた例〉
- 脳死について，臓器移植についてもっと知っておくべきだと感じた。それを通して命の大切さを改めて考えることができた。難しい問題だが，自分のこととしてきちんと考えなければいけないと感じた。
- もし，自分の家族に臓器の提供を受けなければ命が失われてしまう者がいたとしたなら，私は臓器の提供を望むと思う。重い問題だが，だからこそ自分の問題として真剣に考えなければならないのだなと感じた。

8 資料

■ 臓器移植とは？

　臓器移植とは，重い病気や事故などにより臓器の機能が低下した人に，他者の健康な臓器と取り替えて機能を回復させる医療です。

　第三者の善意による臓器の提供がなければ成り立ちません。

　日本で臓器の提供を待っている方は，およそ14,000人です。それに対して移植を受けられる方は，年間およそ400人です。

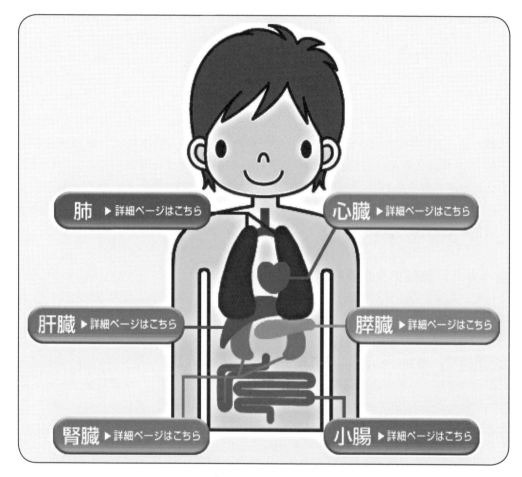

臓器移植できる臓器

公益社団法人日本臓器移植ネットワーク　ホームページより

3 埼玉県川口市立榛松中学校の「考え，議論する道徳」

はじめに

本校は，平成24年度から27年度までの4年間，川口市教育委員会より「道徳教育」に関する委嘱を受け，研究に取り組んだ。その後も引き続き研究主題を「豊かな心を育て，よりよく生きようとする生徒の育成」とし，道徳の研究を中心として研修を重ねている。道徳科の趣旨を踏まえ，考え，議論する道徳を実現するには，まず授業を見直していくことが第一であると考え，新しいスタイルの授業の実践に取り組んできた。また，将来，生徒一人一人が生きるうえで出合うさまざまな道徳上の問題や課題を解決し，よりよく生きていくための資質，能力の育成の観点から，道徳的諸価値の理解をもとに，自己を見つめ，物事を広い視野から多面的・多角的に考え，人間としての生き方についての考えを深められるような授業への改善を図るために，問題解決的な授業の研究と実践に重点的に取り組んできた。その結果，道徳の時間の課題を自分の課題として考えることができるようになり，道徳的実践意欲や，道徳的判断力の向上にもつながってきた。

❶「考え，議論する道徳」の実現のために

考え，議論する道徳を実践し，主体的・対話的で深い学びを実現するために，以下のポイントについて共通理解を図った。

ポイント1　話合いのルールの導入

話合いとは，いろいろな意見を言わせるということではなく，他者の意見に対して，理由を示しながら賛成・反対（吟味）することであると捉え，大切にしたい思いの共有をめざして話し合えるようにする。

また，各教室にはルールを掲示しておく。

> 話合いのルール
> ① 誰も自分の意見を言うことをじゃまされない。
> ② 自分の意見は必ず理由をつけて言う。
> ③ 他者の意見にははっきり賛成か反対かを表明する。
> ④ 理由が納得できたらその意見は正しいと認める。
> ⑤ 意見を変えてもよい。ただし，その理由を言う。

ポイント2 内面としての道徳と，社会規範としての道徳の結びつき

　これまでの道徳では個人の内面が重視されてきたが，社会規範としての道徳とつながりをもたせ，社会的な視点で話し合わせることを大切にする。社会的で合理的な考え方，集団における正しさを判断の基準とし，社会的判断の基準に照らし合わせながら，みんなが幸せになれるように，互いの意見を調整し，誰もが納得できる望ましさをめざして話し合えるようにする。

```
            社会的判断の基準

         ○：判断の際に注意すること
         ●：判断基準
  ○理由を考える　　　　○帰結を考える
  ●将来の見通しを立てる…社会，クラスはどうなるのか
  ●可逆性…自分がそうされてもよいのか
  ●普遍性…いつ，誰にでも，どこでもそうできるか
  ●互恵性…みんなが幸せになれるか
```

ポイント3 考えを可視化して理解を深める

　話合いでは，それぞれが思うことをただ言い合うのではなく，意見を吟味し，異なった価値観をもつ他者が相互に理解し高め合い，よりよい考えを見つけていくことが大切である。また，普遍性をもつ見方，考え方への変容には，論理的な話合いが必要である。

　それを助ける一つの方法として思考ツールを活用する。生徒の思考を目に見える形で整理することで，理解や考えを深め，多面的・多角的に考えられるようにする。

①ベン図　　　　　　　　　②マトリックス

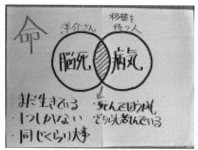

	よい所	悪い所	共通点
キャロル	時間をムダにしてない 頑張ろうとしている	代表になったばかりなのに前に出すぎ 人の意見を聞かない 自分勝手，思いこみで行動	みんなのためによかれと思っていても悪いこと
ルーシー	一人一人の意見を大切にしている 公平　理解している	「キャロル」を正す会というのを使っていじめようとしている	

　ベン図，マトリックスは，共に対立する行為や考え，物事を比較するために有効である。相違点と共通点を考える中で特に共通する事柄を強く認識でき，気づきや思考の深まりにつながっていく。

座標軸は、行為の帰結をよい点と悪い点に整理して、多面的・多角的に考えるために有効である。小グループの活動や、全体での板書でも活用することができる。問題解決的な授業においては活用度が高い。

その他、解決するべき課題により、さまざまなツールを使い分けることによって思考を深められるようにしている。

③座標軸

認めない	認める
・最後まで息子といられた（一緒にいる時間がある） ・奇せきがおきるかも ・息子を殺さないですむ	・移植できる ・人が助かるかもしれない ・意志を尊重できる ・息子は死んでも、体の一部は生きられるから ・移植してくれた人の家族うれしい
good bad	good bad
・2人とも死んじゃう ・意志を尊重できない ・移植できない ・洋介の体がなくなっちゃう ・移植を待つ人が死んでしまうかもしれない	・ようすけさん死んじゃう ・移植が成功するかわからない ・ようすけさんを殺してしまう ・後悔する

④同心円チャート　　⑤ピラミッドチャート　　⑥マインドマップ

ポイント4　ホワイトボードの使用

話合いをしているときには、発言者に視線は向けられるが、発言者が変わるたびに視線が動き注意が散漫になったり、いつの間にか議論がそれてしまったりすることが多い。しかし、ホワイトボードを使い、意見を可視化していくことで、意見交換や質疑も活発になり、集中して中身の濃い話合いをすることができる。

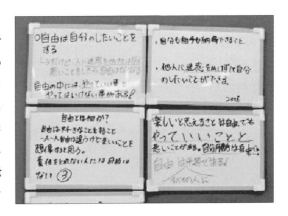

ポイント5　多面的・多角的に考える

主人公や相手のみでなく、登場人物またはさまざまな立場に立って、多角的に考えることで、ねらいとする主価値により迫るようにする。

ポイント6　問題の具体的な解決策を考える

現代社会において、さまざまな価値観を有する人々と生きる以上、道徳的な問題を多面的・多角的に考え、自ら判断していかなければならない。複数の道徳的諸価値の中のどの価値が優先されるかの判断や、互いに納得でき、幸せになれるような解決策を考えることは、必要であり、生きて働く道徳性につながる。しかし、ただ解決方法

を見つければよいのではなく，道徳的価値に裏打ちされた考え方が根底にあることが大切である。

ポイント7　板書の工夫
従来の縦書きにこだわらず，思考を助ける構造的な板書にする。

ポイント8　単元学習で考えを深める
1時間で考えを十分に深めることはできないような価値については，複数時間扱いで考えを深めたり，特別活動などの時間と連携して価値についての理解や思考を深めたりするようにする。

2 道徳ノート「こころのおと」

道徳ノート「こころのおと」を独自に作成して活用している。道徳の時間だけでなく，「自分のこと」「人との関わりのこと」「社会（クラス）のこと」「命のこと」のページや，日ごろ考えたことや感じたことを自由に書くページや，特別活動の記録や行事に関するページ，心動かされた本やテレビ番組，気になったニュースを書くページ等を設定している。毎週金曜日の朝を「こころのおと」の時間とし，一週間の自分を振り返り，ノートに書き込む時間としている。「こころのおと」から生徒の変容を見取ることが可能であるため，評価にも有効である。

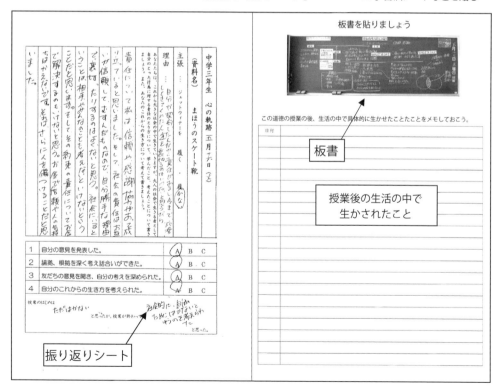

3　埼玉県川口市立榛松中学校の「考え，議論する道徳」

❶ 2年　教材「明かりの下の燭台」

よりよい集団のあるべき姿

1 主題設定の理由

　人間は人と人の関係の中で集団を形成し，さまざまな集団や社会の一員として生活している。各人が集団の成員として協力しつつ個々が役割と責任を自覚し，責任を果たしていくことで集団が向上していく。そしてまた，集団の向上は個人の向上にもつながり自己肯定感の高まりにつながると考える。

　中学校2年生の後半になると，責任のある立場を任されることも多くなり，学校の中心としての自覚も芽生えてくる。集団の中で，与えられた責任を果たすことは当たり前で，そうするべきことは誰もが知っている。それを基本にし，どうしたら今いる集団がよりよくなるのか，また，4月から3年生として学校の中心となるにあたり，3年生としての集団の意義やその中に自分の存在する意味を考えられるように，本主題を設定した。

　本教材は，1964年東京オリンピックでの日本女子バレーボールチーム優勝を陰で支え続けたマネージャーの生き方を通して，集団での役割の大切さやよりよい集団とはどのようなものかを考えることができる。また，陰の力であった主人公ではあるが，彼女の命の輝きを捉え，生きる意味やどう生きるかを考えることができる。

2 評価について

- 多面的・多角的に考え，自分の考えを深めることができたか。（発言・ワークシート）
- よりよい集団のあるべき姿を考えることを通して，自分が所属している集団の目的やその中の一員として自分が存在する意味について考え，よりよい集団をつくるための具体的な考えをもつことができたか。　　　　（発言・観察・ワークシート）
- 言語活動を充実させる手立ては，ねらいに迫るうえで効果的であったか。

（話合い）

3 指導の手立て（手法）について

主体的な学びにするための工夫
- 生徒自身で本時の課題を見つけ，課題を解決していくことができるようにする。
- 対立するジレンマを疑似体験しながら，考え判断することができるようにする。

- 今までの道徳の時間に学習してきた既有の知識や生活体験などから類推して考えられるようにする。

対話的な学びにするための工夫
- 対立する道徳的価値を生徒自身で考え，それぞれが優先されると思われる価値の立場でクラス全体で議論する。

深い学びにするための工夫
- 集団としての考え方と個人としての考え方の両面から考えられるようにする。
- さまざまな人の立場に立って，多面的・多角的に考えられるようにする。
- 生徒が考えた問題を生徒自身が解決していきながら，さらに大きなねらいについて考えられるようにする。
- 大きなねらいから，これからの自分自身の生き方として，具体的な方法や考えをもつことができるようにする。

4 生徒指導，キャリア教育，特別活動などとの関連

2年生の振り返りや，3年生としてのあり方など特別活動と関連づける。

5 指導案

- ●対象学年　　　第2学年
- ●主題　　　　　よりよい集団のあるべき姿
- ●内容項目　　　C［よりよい学校生活，集団生活の充実］
- ●教材（出典）　「明かりの下の燭台」（出典：『明日をひらく』東京書籍）

ねらい　よりよい集団のあるべき姿を考えることを通して，自分が所属している集団の目的や，その中の一員として自分が存在する意味について考え，よりよい集団をつくろうとする意欲を育てる。

	おもな発問と生徒の反応（○教師　☆生徒）	指導上の留意点
導入	1．これまでの学習の共通理解を確認する ・集団としてまとまるうえで，大切なことは何か。 ・話し合い，方向を考えていくことの重要性。 ○今日の授業のねらいを提示する。 　めあて：よりよい集団のあるべき姿 2．教材を読む ○前半（主人公がじっと座って考える場面まで）を読む。	・中学2年生の1年間を通して，集団生活についてクラスで共通理解としてあるものを確認する。 ・大きなめあてを提示する。 ・条件・状況を押さえる。
展開	3．何が問題かを考える（課題発見） ○今日，解決しなければいけない問題は何でしょうか。 ☆マネージャーを引き受けるのか，断るのか。 　学習課題：鈴木さんはどうするべきか。	・生徒自身が課題を見つけられるようにする。

展開	☆（葛藤の背景を押さえ，鈴木さんはどうしたらよいのかを判断し，ワークシートに理由とともに記入する。） ・1964年東京オリンピック　女子バレーボールチーム ・日本代表チーム…同じ目標 ・チームには必要がなくなった ・断れば居場所はない ・監督の頼み ・オリンピックまで4年 ・敗戦からの復興を象徴づける重要な大会…勝利	・葛藤の背景を整理する。 ・葛藤の背景をそのまま理由としないようにする。 ・マネージャーの仕事の大変さも押さえる。
	4．問題について話し合う（課題解決） ○どうしてその行為を選択したのですか。 ☆〈断る派〉 　・マネージャーになるために来たのではない。 　・選手として活躍したい。 ☆〈引き受ける派〉 　・チームのためになるのかな。 ○それぞれのグループで，理由の根拠となる道徳的価値やルールを考えてみましょう。 ☆〈断る派〉 　・自分が決めたことに責任をもたなければいけないから。 　・夢を実現するために努力することは大切だから。 ☆〈引き受ける派〉 　・集団として協力することは大切だから。 ☆（対立する価値について，反論や問い正しをしながら，全体で議論を深める。） ○問題点も考えてみましょう。もし鈴木さんがいなくなったらどうなるでしょう。また，もし鈴木さんがいてくれたらどうなるでしょう。 ☆〈問題点〉 　いなくなったら　・マネージャーがいなくなり困る。 　　　　　　　　・選手が集中して練習できない。 　いてくれたら　　・チームの力が向上する。 　　　　　　　　・選手の力が出せる。 　　　　　　　　・練習に集中できる。 　　　　　　　　↓ ☆集団の視点では，マネージャーをするほうがよいのかもしれない。 ○個人としての気持ちはどうしたらよいのでしょうか。 ☆集団のために，すべてを我慢しなければいけないのか？ ○さまざまな立場でチームに対する思いを考えてみましょう。 ☆〈チームに対する思い〉 　鈴木さん 　　・勝ちたい。勝ってもらいたい。 　　・みんなライバルだけど，信頼で結ばれている仲間 　バレーボール関係者 　　・勝ってもらいたい。優勝も。	・どちらを選んだかを確認し，理由を聞く。 ・反対派の意見を聞いて，判断を変えてもよい。 ・変えた生徒には，理由を聞くようにする。 ・議論がしやすいように，同じ判断の者ごとに分かれ向かい合わせの席にする。 ・判断を支える道徳的価値やルールでいちばんよいと思われる理由の根拠を決める。 （小グループ→全体） ・行為の結果として起こる集団への影響（問題点）を考え，さらに深く考えられるようにする。 ・集団の視点で，話合いが行われるようにする。 ・集団の視点で鈴木さんを考えられるようにする。 ・個人の意見はどうなるのかも大切にする。 ・多面的・多角的に考えられるようにする。

	国民の思い ・勝ってほしい。優勝も。☆（教材後半を読む。） ○鈴木さんは輝いていたのでしょうか。 ○悔しさがないわけではない中，4年間楽しかったと思えるのはなぜでしょう。 ☆鈴木さんは輝いていた。 ☆自分にできることで優勝に貢献しようと決めた。 ☆仲間との信頼。 ☆チームの一員であると感じられた。	・コートに立てない悔しさがなくなったわけではないが，それでも輝いていた鈴木さんの姿を押さえる。 ・大きなねらいに戻り，支え合いながら，誰もが輝ける集団がよりよい集団のあり方であることを押さえる。
終末	5．学習を振り返り，自己のあり方を見つめる ○3年生としての集団の意義やその中に自分の存在する役割を考えてみましょう。 ○「鈴木さんの支えていたもの」「鈴木さんを支えていたもの」を考えながら，人間としてのこれからの生き方についても考えてみましょう。 ☆他者のために自由を使い互いが幸せになる。 ☆やり抜く意思 ☆倒れても何度でも立ち上がる。 ☆一生懸命生きることは，他者の命の輝きになる。 ☆人と人の命の輝きは呼応する。 ☆思いやり ☆信頼	・3年生としての集団の意義を考え，どうすればよりよい学年になるのか，自分の役割を考える振り返りシート（P.88）に書く。 ・一年間の道徳で学んだ価値をつなげて考えられるようにし，一年間のまとめとなるようにする。 ・グループでワークシート（P.89）に書き込みながらまとめる。

6 実際の授業の様子／生徒の変容

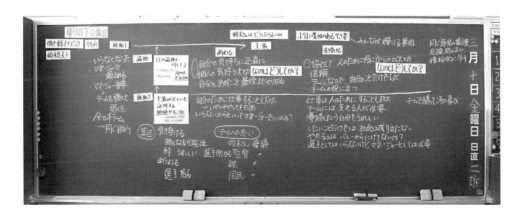

(1) 実際の授業

　最初の判断では，マネージャーについて断ると書いた生徒と，引き受けると書いた生徒はほぼ半々であった。

断る理由	・練習すればレギュラーになれるかもしれないから。 ・選手になるためにここにきている。
引き受ける理由	・チームのために今自分ができることをやるべき。 ・チームを強くしたい。 ・裏の努力もかっこいい。

　この後，それぞれのグループで，判断の理由を支える道徳的価値を話し合った結果，断る派は「個人の気持ちを大切にしなければいけない」，引き受ける派は「協力して人のために役に立つことが大切」となった。価値を対立させ，どちらがより重要なのかを考えながら議論を重ねたが，どちらの言い分も互いに理解はできるが，話合いは平行線であった。

　次に，さまざまな立場で考えたり，集団の一員としての社会的視点で考えてみると，引き受けたほうがよいのかもしれないという共通解が生まれてきた。

　ここでもう一度鈴木さんの立場で，「なぜ引き受けたのか」「悔しい気持ちはなかったわけではないのになぜ楽しかったのか」を考え，陰の力であり選手のように華々しい活躍はなかった鈴木さんは輝けたのかどうかを考えた。そしてこの答えから，生徒たちは自然と大きなねらいである「よりよい集団のあるべき姿」を考え一人一人が輝ける集団であり，支え合い，協力し，選手の輝きが鈴木さんの輝きとなり，鈴木さんの輝きが選手の輝きとなっていることに気づくことができた。また，命の単元の際に，自分の命の輝きは相手の命の輝きと呼応していると学習したことを思い出して発言した生徒もおり，鈴木さんの生き方を通して命の輝きを見つける生き方についてさらに深く考えることができた。

　みんなが輝ける集団こそ，自分たちのめざすべき集団であるという共通解が得られたので，さらに3年生となり学校を動かしていく学年として，自分たちは何ができるかを具体的に考えて，それぞれの納得解が導かれた。

　3年生として，学校がよりよい集団になるために自分ができること
・生徒A「自分から率先して人がやらないことをやると，自分もみんなもよい気持ちになると思います。誰よりも努力し，引っ張っていける存在になりたいです。」
・生徒B「榛松中の先頭に立って引っ張っていくことだと思います。みんなのことを考え積極的に行事なども取り組んでいくことだと思います。」

（2）授業終末でのワークシート

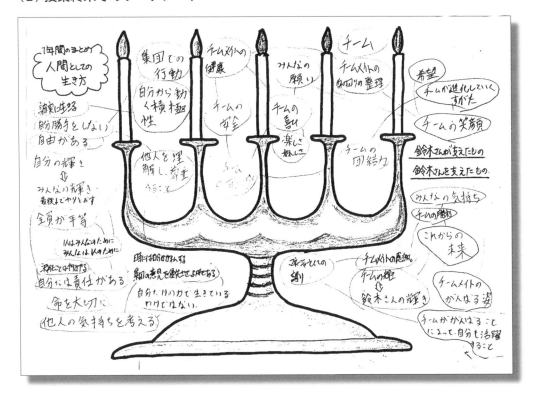

　上のワークシートはグループで作成したものである。
　この図を見ると，一年間の道徳で学習してきたことが積み重なっている。それぞれの価値がつながり絡み合っていることがわかる。一年間の終わりにあたり，自分を振り返り，これからの生き方についてのイメージができているように思われる。改めて，積み重ねの大切さ，問題を解決しながら思考を深めていくことの大切さが感じられた。

7 資料

(1) 振り返りシート

```
中学二年生　心の軌跡　　月　日（　）名前

（教材名）　明かりの下の燭台

判断…　マネージャーを　断る　・　引き受ける

理由…

「集団の一員としての自分の存在について」考えたこと、感じたこと、学んだことについて書きましょう。また、あなたのこれからの生き方について考えて書きましょう。

四月から三年生になりますが、三年生の集団の意義は何だと考えましたか。また、三年生としての集団がよりよいものになるために、あなたはどんなことができると考えましたか。
```

1	自分の意見を発表した。	A　B　C
2	いろいろな角度から考えることができた。	A　B　C
3	友達の意見を聞き，自分の考えを深められた。	A　B　C
4	具体的にできることを考えることができた。	A　B　C

授業のはじめは

　　　　　　　　と思ったが，授業が終わって

　　　　　　　　　　　　　　　　　　と思った。

(2) 授業終末で使用したワークシート

　授業の内容だけでなく，これまでに学んできた価値や考えを書き込みながら，社会の中で生きる人間としてどのように生きるべきかを考えられるようにした。また，色をつけたり，明暗をつけたりすることで，導入などで燭台の説明としても使うことができる。

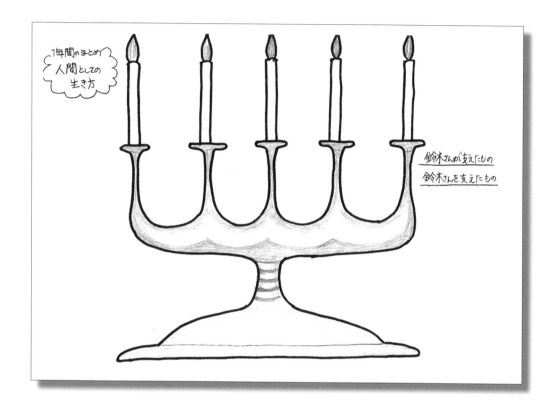

❷ 3年 教材「まほうのスケート靴」

社会の中で生きる者としての責任

❶ 主題設定の理由

　自由とは、自らの意志や判断で行動することであり、その自由な意志や判断に基づいた行動には責任が求められる。自ら判断し、行動し、行為の結果に責任をもつことが道徳の基本である。自分の行為が、自分の判断によるものであり、責任を問われるという自覚が存在することで、自立的な生き方が可能になる。自己肯定感の高まりにもつながるであろう。また、社会の中に生きる人間としての行為に対する責任を考えたとき、その結果がどうなるかについて深く考える必要がある。内なる自分に対して誠実に生きなければならないだけではなく、社会に対しても常に誠実で生きることを自覚し、人間として誇りをもった責任ある行動をとれるようになることが大切である。

　中学3年生では、責任を果たすことは大切であり、特に自分が選んだ自由に対しては責任が伴うことや、その行為の結果に対しても最後まで責任を取るべきことは理解している。生徒たちが社会に出ていく時期を間近に控えていることを考え、責任についての考え方をさらに深め、社会の中で生きる者としての責任について考えることができるように、本主題を設定した。

　本教材は、2つの価値の対立するオープンエンドの葛藤教材である。主人公は、スピードスケート選手のコジマくん。オリンピック出場をかけた大事な試合の日、「スポンサー契約をしているココロスポーツのスケート靴を履く」か、「他社のスケート靴・ジェットウィナーを履く」かという難しい選択を迫られる。ライバルたちはみなジェットウィナーを履いて記録を伸ばしており、このままだと敗れてしまうかもしれない。しかし、ココロスポーツとは、試合の費用など諸々負担してもらう代わりに試合でココロスポーツのスケート靴を履くという約束を交わしている。契約を破れば違約金が発生するし、契約が打ち切られると今後の費用もすべて自分で負担しなければならず、練習に集中できなくなってしまう。契約を尊重すべきか、自分の夢の実現を選ぶかという対立するジレンマを疑似体験したり、さらに多面的・多角的に考えたりしながら、どちらの行為を選択するべきかを考えることを通して、社会の中で生きる者としての責任について考えることができる。

❷ 評価について

・話合いがねらいに即して行われ、自分の考えを発表したり、友達の考えを聞いたり

する中で，自分の考えを深めることができたか。　　　　　　（発言・ワークシート）
- 責任をとるということについて深く考え，自分の負うべき責任を誠実に果たそうとする意欲が高まったか。　　　　　　　　　　　　（発言・観察・ワークシート）
- 授業の始めと終わりを比較し，ねらいに対して考えが深まったか。（ワークシート）
- 言語活動を充実させる手立ては，ねらいに迫るうえで効果的であったか。
　　　　　　　　　　　　　　　　　　　　　　　　　　　　　　　　（話合い）

❸ 指導の手立て（手法）について

（1）主体的な学びにするための工夫
- 生徒自身で本時の課題を見つけ，課題を解決していくことができるようにする。
- 対立するジレンマを疑似体験しながら，考え，判断することができるようにする。
- 今までの道徳の時間に学習してきた既有の知識や生活体験などから類推してさらに深く考えられるようにする。

（2）対話的な学びにするための工夫
- 対立する道徳的価値を生徒自身で考え，それぞれが優先されると思われる価値の立場でクラス全体で議論する。

（3）深い学びにするための工夫
- それぞれの行為を選んだことによって起こりうる問題点を考える。
- 対立する価値の中にも，共通する思いを考えることができるようにする。
- 生徒が考えた問題を生徒自身が解決していきながら，さらに大きなねらいについて考え，自分なりの考えをもつことができるようにする。

❹ 生徒指導，キャリア教育，特別活動などとの関連

　クラスや委員会や部活動など，自分の属する集団の中での責任など特別活動と関連づけることができる。また，社会人として社会に出ていくことを考え，社会人としての責任などキャリア教育と関連づけることができる。

❺ 指導案

- ●対象学年　　　第3学年
- ●主題　　　　　社会の中で生きる者としての責任
- ●内容項目　　　A［自主，自律，自由と責任］
- ●教材（出典）　『ココロ部！　第10回放送「まほうのスケート靴」』（映像）NHK
　　　　　　　　http://www.nhk.or.jp/doutoku/kokorobu/

ねらい　約束というものとそれを守るべき理由を考えることを通して，責任をとるということについて深く考え，自分の負うべき責任を誠実に果たそうとする態度を育てる。

	おもな発問と生徒の反応（○教師　☆生徒）	指導上の留意点
導入	**1．授業のねらいや話合いのルールについて理解する** ○知識としてのスポンサー契約について，あらかじめ話をする。 ○今日の授業のねらいを提示する。 　めあて：社会の中で生きる者としての責任 **2．教材を読む** ☆（番組を視聴してもよい。）	・ただの約束ではないことを押さえる。 ・大きなめあてを提示する。 ・条件・状況を押さえる。
展開	**3．何が問題かを考える（課題発見）** ○今日，解決しなければいけない問題は何でしょうか。 ☆ジェットウィナーを履くか，履かないか。 　学習課題：コジマ君はどうするべきか ☆（葛藤の背景を押さえ，鈴木さんはどうしたらよいのかを判断し，ワークシートに理由とともに記入する。） ・この日の試合でオリンピック代表が決まる ・予選はぎりぎり2位で通過 ・ココロスポーツと契約 ・他社のジェットウィナーを履く選手の記録が伸びる ・契約を破れば違約金，支援もなくなり練習できない **4．問題について話し合う（課題解決）** ○どうしてその行為を選択したのですか。 ☆〈履かない派〉 　・契約は守るべき。　　・今まで支えてもらった。 　・違約金は払えない。 　・さまざまな面での支えがなくなる。 　・履いてしまったら，結果がどちらにせよ悔いが残る。 〈履く派〉 　・オリンピックに出たい。　・夢がかなうかも。 　・履かなかったら悔いが残る。 ○それぞれのグループで，判断の理由を支える道徳的価値やルールを考えてみましょう。 ☆〈履かない派〉 　・自分が決めたことに責任をもたなければいけないから。 　・約束を守ることは大切だから。 ☆〈履く派〉 　・目標に向かって努力することは大切だから。 ☆（対立する価値について，反論や問い正しをしながら，全体で議論を深める。） ○それぞれの行為を選んだことによって起こりうる問題点を考えてみましょう。 ☆勝敗に関わる。 ☆罪悪感が残る。（自分の心，相手に） ☆後悔する。（履いても，履かなくても） ☆信頼を失う。 ☆自由に対して責任が果たせない。	・生徒自身が課題を見つけられるようにする。 ・葛藤の背景を整理する。 ・葛藤の背景をそのまま理由としないようにする。 ・どちらを選んだかを確認し，理由を聞く。 ・反対派の意見を聞いて，判断を変えてもよい。 ・変えた生徒には，理由を聞くようにする。 ・判断ごとに分かれ，向かい合わせの席にする。 ・判断を支える道徳的価値やルールでいちばんよいと思われる理由の根拠を決める。 （小グループ→全体） 多面的・多角的に考えられるようにする。

	○問題点を分類すると，何がわかりますか。 ☆社会に対すること。 ☆個人の気持ち。 　　　↓ ○違約金を払うという行為について考えてみましょう。 ☆違約金は正当な方法だから，違約金を払えばよい ☆違約金を払えばよいという考えは本来ダメな行為を正当化しているだけではないか。 ☆違約金は会社を守るためにあるものなではないか。 ○社会的な視点で考えるとどうでしょうか。 ☆自分勝手なことばかり考えていては社会は成り立たない。 ☆約束を守ってこそ，温かい社会になる。 ○（補助発問） ○自分の心に誠実に行動することは大切だが，社会的に考えると本当に誠実なのでしょうか。 ○両者は何で結ばれているのでしょうか。 ☆信頼 ☆支え合い ☆勝ちたい思い ○社会の中で生きる者として，どのように責任をとることが大切なのでしょうか。 ☆自分が決めたことを最後まで誠実に実行する。 ☆自由に決めたことには最後まで責任が伴う。 ☆人とのつながりや，相手の思いを大切にする。	・社会的な視点で考えられるようにする。 ・違約金は正当な方法であることを押さえる。 ・社会的には本来契約を守らなければいけないことを押さえる。 ・思考ツール（P.79参照）を使って思考を可視化し，話合いを深められるようにする。 ・本時の授業の価値を支える，関連価値を捉え，本時の価値を深める。 ・契約の裏にある，人とのつながりや，思いに気がつけるようにする。 ・大きなねらいに戻り，諸価値と関連づけながら，より高いレベルで道徳的価値を考えられるようにする。
終末	5．学習を振り返り，自己の生き方を見つめる ○これから大きな，大人の社会で生きる者として考えたことを書いてみましょう。	・ねらいに対して，自分なりの考えを振り返りシートに書き込む。 ・書く活動を通し，自己の生き方をじっくりと考えさせる。

6 実際の授業の様子／生徒の変容

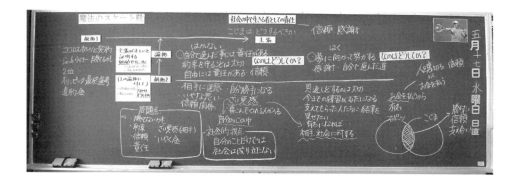

3　埼玉県川口市立榛松中学校の「考え，議論する道徳」　　93

(1) 実際の授業

最初の判断では，5名（20％）が履くほうを選んだ。

履く理由	・オリンピックに出たいから。	・勝つ可能性が高いから。
履かない理由	・ずっと応援してもらっているから。 ・契約には責任がある。 ・履いても記録が出ないかもしれない。	・契約をしているから。

　授業の初めでは，勝敗を理由に考える生徒が多かった。この時点では，行為の帰結についてまで考えが及んでいない生徒が多かった。

　議論の場面では，判断の理由を支える道徳的価値やルールを，履く派は「夢に向かって努力することが大切である」，履かない派は「自分で選んだことには責任がある」を選んだ。議論を重ねていく中で，生徒たちは相手への実質的な迷惑のみではなく，相手の心を察したり，信頼について考えたり，自分のことだけでは社会が成り立たないこと，など多面的な考え方が見られるようになった。

　そして，スポーツ会社と選手はただ単に契約やお金や物でつながっているのではなく，同じ夢を介しながら，信頼や支え合いなど心の部分でつながっていると考えるにいたり，「コジマ君はどうするべきか」という生徒自身が考えた課題について議論を重ねた結果，最終的には本時の大きなねらいである「社会の中で生きる者としての責任」については，信頼や感謝が大切であるとの共通解が得られた。

(2) 生徒の変容（振り返りシートより）

　生徒A　判断…履く
　　　　　理由…オリンピック出場は，スポーツ選手みんなが夢見ていることで，履けば少しでも期待できるから。

　「今日の道徳で，社会の中で生きる者としての責任を学んだときに，僕は今まで自分を優先して考えていたんだと思いました。相手，社会との共通の思いを考えずに，自分の心の中だけでやってきたんだと思いました。「信頼」「感謝」という言葉に重みを感じていなかったのかもしれません。でも，今日重みに気づけたから，これからは自分のやりたいことを優先するのではなく，社会のことを考えていきたいと思います。」

　ひとことコメント…授業の初めは，「勝つためにはリスクを負うべきだ」と思ったが，授業が終わって「勝つことだけがすべてではない」と思った。

　生徒B　判断…履く

　「僕はこの授業を受けて，社会で生きていくには信頼や感謝など人としてしっかりしていないと社会では生きていけないし，責任を果たせないと思いました。お金で責任をとるのは責任を果たしているように見えるけれど，実際は果たしてなく相手の心の責任などお金で買えないものの責任はとれないと思いました。」（一

部抜粋)

生徒C	判断…履かない

理由…履いても代表になれるとは限らず,リスクが高いから。

「僕は金銭的な責任のとり方ではなく,精神面,他人との信頼,感謝の気持ちで責任を果たすべきだと思いました。……授業内で,「自分のことだけでは社会は成り立たない」とありましたが,まさにその通りだと思いました。社会は自分一人で成り立っているのではなく,一人一人が自分の欲を制限してつくられているものだと思います。僕は社会貢献ができる大人になりたいです。」(一部抜粋)
ひとことコメント…授業の初めは,「自分で選んだことには責任がある」と思ったが,授業が終わって「それだけではなく,その責任を果たすことで社会がつくられていく」と思った。

生徒D
ひとことコメント…授業の初めは,「罪悪感は自分の心の中だけ」と思ったが,授業が終わって「相手や社会に対する罪悪感のほうが重みがある」と思った。

　生徒はルールや約束を守らなければいけないことはわかりきっている。それはなぜかを考えることが大切である。教材を一つの手がかりとして小さな課題を,社会的な判断や,諸価値の中で多面的に考え,議論していく中で,生徒自身がその答えを見つけ出し,その答えをもとにさらに大きなねらいにも答えを出していくことができていた。1時間の授業を通して,ほとんどの生徒に価値理解への高まりがみられた。

7 資料

(1) 振り返りシート

中学三年生　心の軌跡　月　日（　）名前

（教材名）　まほうのスケート靴

判断　…　ジェットウィナーを　履く　・　履かない

理由　…

あなたたちは、これから大きな社会の中で生きていきますが、大人の社会で生きる者として自分のとった行為に対する責任のとり方について、学んだこと、考えたことについて書きましょう。また、あなたのこれからの生き方について考えて書きましょう。

1	自分の意見を発表した。	A　B　C
2	いろいろな角度から考え，話合いができた。	A　B　C
3	友達の意見を聞き，自分の考えを深められた。	A　B　C
4	自分のこれからの生き方を考えられた。	A　B　C

授業のはじめは

　　　　　　と思ったが，授業が終わって

　　　　　　　　　　　　　　　　　と思った。

(2) 記入済の振り返りシート

中学三年生　心の軌跡　五月十六日 (火)

（資料名）　まほうのスケート靴

主張：ジェットウィナーを　履く・履かな(い)

理由：
あなたたちは、これから大きな社会の中で生きていきますが、大人の社会で生きる者として自分のとった行為に対する責任のとり方について、学んだこと、考えたことについて書きましょう。また、あなたのこれからの生き方について考えて書きましょう。

自分が契約したんだから責任があるし今まで応援してきてくれたんだから靴を裏切るのはだめだと思うから

責任について私は、信頼や感謝の気持ちがあって成り立っていると思いました。そして、社会の責任は責任が信頼してむすんだものなので、自分勝手な理由で裏切ったりするのはよくないと思う。社会にいるということは、相手やみんなのことも考えないといけないことだと思います。そしてその約束の責任についてお金で解決するのもいけないと思う。お金で信頼やみんなの気持ちはかえないです。それならさらに人を傷つけることだと思いました。

1	自分の意見を発表した。	Ⓐ B C
2	論拠、根拠を深く考え話合いができた。	Ⓐ B C
3	友だちの意見を聞き、自分の考えを深められた。	Ⓐ B C
4	自分のこれからの生き方を考えられた。	Ⓐ B C

授業のはじめは　ただはがない　と思ったが、授業が終わって　社会的に、自分がためにはかないといけないというのを考えられた　と思った。

❸ 3年　教材「貫戸朋子さんの葛藤」

命に順番はあるのか

1　主題設定の理由

　いちばん大切なものは何かと問われたときに，「命」と答える人がほとんどではないだろうか。自分の命を大切にし，自己の命の尊さを深く考え，生きることの素晴らしさに気がついたとき，人はおのずと他者の命も同じように大切に扱えるはずである。そして，すべての人間の命は等しく重く，生命尊重の本当の意味がわかってくるのではないか。

　中学生は，命は大切であるとか，生命は尊重しなければいけないということはわかっており，純粋に命は等しく平等であると思っている。しかし，そうではない現実や，自分の心を深く見つめ，人間の命は真に等しく平等であるということを深く考え，実感してこそ初めて，今生かされていることのありがたさや，感謝の気持ち，自他共にかけがえのない命であること，いつか命に終わりが来るが，未来につながっているということの，真の意味を知るのではないか。命の重さを深く考えることでねらいとする価値を深めさせたいと願い本時を設定した。

　「貫戸朋子さんの葛藤」と「貫戸朋子さんの葛藤―その後―」は，国境なき医師団の一員として活動した貫戸朋子さんの体験談をもとにした教材である。貫戸さんが医療活動を行う難民キャンプには，いつも診察を待つ長い列があった。ある日，急患として診察した5歳の少年は，白目を剥きとても苦しそうだった。看護師が酸素マスクをつけても，少年の症状は改善しなかった。ただ，すでに多くの患者を診てきた貫戸さんにとって，少年は決して珍しいケースではなかった。キャンプには酸素ボンベが1本しかない。次がいつ届くかもわからない。医師としての経験から，「急患の少年は助からない」と確信した貫戸さんは，少年の酸素ボンベを切ろうとした。酸素ボンベを温存することが，他の人の命を確実に救うことに繋がると考えたからである。ところが，看護師は酸素ボンベを切ってはダメだというジェスチャーを，貫戸さんに送った。結局，貫戸さんは少年の酸素ボンベを切ることを決断した。

　本教材は1993年に，国境なき医師団の一員として貫戸朋子さんが，スリランカの難民キャンプを訪れ医療活動を行っていたときに起こった実際の話である。死に直面している人と隣り合わせにある，実際の医療活動は，「命の重さ」について深く考えられる教材である。また，先に学習した，マザー・テレサの愛と死に直面している人々への接し方を対比させながら，「命に順番はあるか」という問いに迫りながら自他共に大切な命に向き合えるようにしたい。

2 評価について

- 話合いがねらいに即して行われ，自分の考えを発表したり，友達の考えを聞いたりする中で，自分の考えを深めることができたか。　　　　　　（発言・ワークシート）
- 命について深く考え，自他の命を大切にしようとする気持ちが高まったか。
　　　　　　　　　　　　　　　　　　　　　　　　（発言・観察・ワークシート）
- 言語活動を充実させる手立ては，ねらいに迫るうえで効果的であったか。
　　　　　　　　　　　　　　　　　　　　　　　　　　　　　　　　（話合い）

3 指導の手立て（手法）について

(1) 主体的な学びにするための工夫
- 本時に至るまでに，「命の順番」に関して，疑問，話し合いたいこと，問題点を出し合い，本時の大きなねらいとする。
- 現時点での「命の順番」に関して，自分の考えを確認できるようにするためにアンケートをとる。
- 今までの道徳の時間に学習してきた既有の知識や生活体験などから類推してさらに深く考えられるようにする。

(2) 対話的な学びにするための工夫
- 思考ツールの座標軸を使い，思考を可視化し，考えを深める。
- さまざまな立場で，多面的・多角的に考えられるようにする。（役割の取得）

(3) 深い学びにするための工夫
- 社会的な視点で考えることができるようにする。
- 命への関わり方について，マザー・テレサと比較しながら考えを深める。
- 生徒が考えた問題を生徒自身が解決していきながら，さらに大きなねらいについて考え，自分なりの考えをもつことができるようにする。
- 1時間の授業の後，さらに考えたいことや，つながっていく問題について考える。

(4) 授業後半で使用の思考ツール
　　　相違点は，各班で考え自由に設定する。

	プラス	マイナス	相違点				共通点
マザー・テレサ							
貫戸朋子							

4 生徒指導，キャリア教育，特別活動などとの関連

　命の重さは平等で，自分を大切にし，他者を大切にすることは，いじめを解決することにもつながっていくと思われる。自分より弱いものをいじめることは，心の中で人間に順番をつけていることと同じである。この視点から生徒指導や，特別活動と関連づけることができる。

5 指導案

- ●対象学年　　　第3学年
- ●主題　　　　　命に順番はあるのか
- ●内容項目　　　D［生命の尊さ］
- ●教材（出典）　今永泰生"貫戸朋子さんの葛藤""貫戸朋子さんの葛藤―その後―"「道徳的価値葛藤を含む教材を用いた道徳授業の開発」『学校教育実践学研究』第10巻，pp.119-135『課外授業　ようこそ先輩「国境なき医師団：貫戸朋子」』（映像）NHK
貫戸朋子「マドゥーの地で」『国語2』（中学校国語科教科書，平成18年）光村図書出版

　ねらい　貫戸さんの選択した行為を多面的・多角的に考えることを通して，命について深く考え，自他の命を大切にしようとする態度を育てる。

	おもな発問と生徒の反応（○教師　☆生徒）	指導上の留意点
導入	1．授業のねらいや話合いのルールについて理解する ・「命の順番」に関して，生徒自身が考えた事前の疑問，課題　…　「命に順番などあるのか」 ・アンケートの結果，命に順番はないということが本時の大前提になっていることを確認する。 ○今日の授業のねらいを提示する。 　めあて：命に順番はあるのか。 2．教材を読む ○あらかじめ，現地の状況や国境なき医師団の説明をしておく。	・事前に，班ごとに生徒が考えた問題から，本時の問題を作る。 ・アンケートの回答から，問題を解決する際の考え方の大前提となるものを提示し，共通解とする。 ・条件・状況を押さえる。
展開	3．何が問題かを考える（課題発見） ○今日，解決しなければいけない問題は何でしょうか。 ☆酸素を切るべきか，切るべきではないか。 　学習課題：貫戸さんは酸素を切るべきか，切るべきではないか。 ☆（葛藤の背景を押さえ，貫戸さんはどうしたらよいのかを判断し，ワークシートに理由とともに記入する。） ・酸素ボンベは残り1本しかない。 ・送られてくる見通しがない。 ・男の子は助かる見込みがない。 ・診察を待つ長い列ができている。 ・看護師は酸素を切ってはだめだと言う。 4．問題について話し合う（課題解決） ○どうしてその行為を選択したのですか。 ☆〈切るべきではない〉 　・まだ生きている。 　・医者として最善を尽くすべき。 　・母の気持ちを思うと切れない。 ☆〈切るべき〉 　・助からないから仕方ない。 　・助かる命が優先。 　・ほかの大勢の患者が助かるかもしれない。 ○助かる命が優先ということは命には順番があるということですか？ ○では，起こりうる悪いほうの結果を考えてみましょう。 ☆〈切るべきではない〉 　・多くの命が犠牲になるかも。 　・医師としてどうなのか。 　・命に順番がつく。 ☆〈切るべき〉 　・男の子が死ぬ。 　・医師としてどうなのか。 　・命に順番がつく。	・他人事として考えてしまう傾向が強い場合には，自分事として考えられるような発問をする。 ・「あなたが貫戸さんだったら…」「あなたのお母さんだったら…」 ・大前提とする考え方と食い違っていることを指摘し，この先の思考を深めるきっかけとする。 ・一人の命と多くの命ではどちらが重いのかが話合いの中心になっていることを押さえる。 ・切ったほうがよい理由は単に数の差でないことを考えるきっかけとする。 ・さまざまな人の立場で，多面的・多角的に考えられるようにする。（役割の取得）

	○今までのところ，一人の命と多くの命はどちらが優先かということになっていますね？ 命には順番があるということになってきましたね。 ○さまざまな人の立場で考えてみましょう。 　・お母さん　　　　　・男の子 　・看護師　　　　　　・長い列で待っている人たち 　・国境なき医師団 ○社会的な視点で考えてみましょう。 ☆みんなが幸せになれる方法はない…。 ○国境なき医師団としての行為の帰結を考えてみましょう。 ☆切るしかないのか…。 （○貫戸さんの選択した行為を伝える。） ○貫戸さんは酸素を切ったときどんな気持ちだったのだろう。 ☆・悲しみ。　　・国境なき医師団として仕方のないこと。 　　　　　　　↓ 　　悲しいけれど命には順番がある。 ○命に順番はないことを示してくれる人はいない？ ☆マザー・テレサがいる。 ○貫戸さんとマザー・テレサの共通点，相違点を考えてみましょう。 ☆〈マザー・テレサ〉 　・どんな人も平等。　　・死ぬまで一緒に。 　・心を救ってあげられる。　・愛情がある。 ☆〈貫戸さん〉 　・立場として多くの命を助けなければいけない。	・特に自分が母親であったら切られてどう思うかを押さえ心を揺さぶる。 ・国境なき医師団の使命を確認する。 ・苦しさの中での決断だったであろうことを，押さえる。 ・設定を変えて，考えを広げられるようにする。 ・班で表に書き込みながら考えを深められるようにする。 ・大きなねらいに戻り，諸価値と関連づけながら，より高いレベルで道徳的価値を考えられるようにする。
終末	5．学習を振り返り，自己の生き方を見つめる ○今日の授業で考えたこと，これからの自分の生き方を考えて書きましょう。 ○今日考えたことから，新たな疑問，問題，課題についても考えて書いてみましょう。 ○貫戸さんのその後についての教材を読んで聞かせる。 ○また，マザー・テレサも国境なき医師団もノーベル平和賞を受賞していることを話す。	・ねらいに対して，自分なりの考えを振り返りシートに書き込む。 ・新たな問いを作ることで，次の時間につなげる。

❻ 実際の授業の様子／生徒の変容

(1) 実際の授業
❶事前の問題作り
「命の順番」に対して，クラスで話し合うべき問題を考えた。各班の意見は表現は違うが2つに分類できた。1つは，どの命も大切なのではないのか，という疑問と，2つ目は，大切な命と大切ではない命は何が違うのか，であり，前者は生徒が今までに学んできた命に対する考え方そのものであり，この考えは授業の根底を流れる大切なものである。そこで，7班の意見を総合し，大きなねらいを「命に順番はあるのか」に決定した。このねらいに対しての答えは，yesまたはnoで答えられる閉じた質問であるので，本来であれば大きなねらいにはそぐわないが，この先さらに生徒が自分たちで課題を見つけていくことをねらい，閉じた質問のままにした。

❷本時の授業
授業の初めの判断では，8名（33％）が酸素を切るべきではないと答えている。

切らない理由	・助からなくてもできることはしてあげるべきだ。 ・目の前の命を全力で助けるのが医者である。
切る理由	・男の子は死ぬけど，多くの人が助かるから。 ・助かる見込みがないから。

7割近い生徒が切ると答えており，多くの命を助けるためという理由が大半であった。遠くの国の生徒たちには実感のない状況がこのような判断をさせているという雰囲気もあり，「あなたが男の子の母親だったら酸素を切られても納得し，自分の子の命を犠牲にして喜んで酸素を他人に回し，自分の子が死ぬのを見られるのか」という質問にしたところ，生徒の考えに変化がみられた。しかしこの，命は平等であるという今までの考えが覆され，あまり深く考えないうちに，多くの命が優先だという考え方になっている状況は，この先の授業展開を深く考えさせるきっかけとなっている。

マザー・テレサとの比較では共通点としては，以下のような意見が出た。

- 命に順番をつけようとは思っていない。
- 命は大切だと思っている。
- どちらにも他者に対する愛があるが，その愛の質が違うだけである。

　視点を変えたことによって，命に順番はあるのかという問いに深く考えることができ，愛について学習したことを結びつけて考えることもできた。視点を変え，多面的な考え方は，次の授業につながる新たな問いに結びつくようになっている。

❸命について考えたこと，感じたこと，学んだこと（振り返りシートより）

- 生徒A「本来であれば命に順番をつけてはいけないんだけれど，今現在世界の貧しい国ではしょうがなく命に順番がつけられていて，とても悲しい気持ちになりました。命は何よりも大切なものだからこれからこのようなことがないように考えなければいけないと思いました。」
- 生徒B「誰の命も大切とか，平等とか言っているけれど，やっぱり助けられる命と助けられない命があると思います。だから，すべての人の命を助けるために私たちができることを探していくことが大切だと思います。命に順番などないと思いたいです。」

❹命の順番について考えたこと，新しい問題や課題（振り返りシートより）

- 生徒C「命の順番が嫌でもついてしまいました。でも，今回のようなことが本当にあってよいのでしょうか。……私たちはそのようなことがない社会をつくることが大切だと思います。」（一部抜粋）
- 生徒D「命に順番があるのはこの世の中のせいではないだろうか。世界のものを平等に分け与えることができれば，国境なき医師団など必要ないのではないか。世界中の人々がすべて平等になることはないだろう。でも努力はできる。世界が平等になるにつれて，命の順番はなくなると思う。」
- 生徒E「……現実的に考えてみると命に順番をつけている人はいると思います。それはいじめなどで，いじめは自分より弱い人に対して起きるのではないかと思います。……」（一部抜粋）

　生徒Eのように，命の順番を身近ないじめの問題と関連づけて考える生徒もおり，思考の広がりも感じられた。

❺本時を終えての新たな問題や課題

- 命に順番をつけないで済む社会にするために，私たちにできることは何か。

7 資料

(1) 振り返りシート

中学三年生　心の軌跡　月　日（　）名前

（教材名）　貫戸朋子さんの葛藤

酸素を　切るべき　・　切るべきではない

理由…

今日の授業を通して「命」について考えたこと、感じたこと、学んだことについて書きましょう。

授業を通して、「命の順番」について、考えたことを書きましょう。また、今日の授業を通して新しい問題、課題として何が考えられますか。

1	自分の意見を発表した。	A　B　C
2	友達の意見を聞き，自分の考えを深められた。	A　B　C
3	いろいろな角度から考えることができた。	A　B　C
4	新たな問題を発見できた。	A　B　C

授業のはじめは

と思ったが，授業が終わって

と思った。

3　埼玉県川口市立榛松中学校の「考え，議論する道徳」

4 静岡県島田市立六合中学校の「考え,議論する道徳」

はじめに

六合中学校では,六合地区にある六合小学校,六合東小学校と共に,六合地区小中連携教育研究会を組織している。

六合中学校区3校の生徒たちのよさとしては,「素直で明るい」「決められたことに一生懸命に取り組む」等が挙げられる。一方で,「状況に応じて,自分で判断し,行動すること」「自信のなさ（自己肯定感の低さ）」などの課題も散見されることから,小中9年間を通して,「自ら考え,行動する」「他者と進んで協働する」「よりよい人間関係を築いていく」等の力を育んでいく必要があると考えた。

このような理由から,研究主題を「主体的に判断・行動し,他者とよりよく生きようとする児童生徒の育成」とし,3校共通の重点を,「自主自律・思いやり」とすることとした。

そして,「児童生徒が主体的に考え,議論する道徳の授業を推進すること」「人との関わりの中で,自主自律・思いやりの心を育むこと」を研究内容の核と位置づけ,3校の職員で構成する授業研究部,実践研究部,連携研究部の3部を組織し,研究を進めることとした。

1 授業研究部

各校の研修主任が中心となり,授業づくりの視点を作成し,3校合同の授業研究,各校における授業実践を通して,常に見直しを図り,道徳授業の質的改善を進めた。また,3校の全職員が道徳教育についての考えを深めるために「3校合同授業研究会」の場を設けた。各校が年に一度会場校となり,年3回行った。授業研究会は,全体会,授業参観,グループ協議,講師の講話などの内容で行った。

(1) 3校共通の「授業づくりの視点」について

3校合同研究主題の具現化に向け,めざす授業像を「児童生徒が主体的に考え,議論する道徳の授業」と設定し,道徳の授業を実践してきた。実際の道徳の授業では,次の3点を「道徳の授業づくりの視点」として授業構想を立て,3校で共有した。

・ねらいの明確化　・発問の吟味　・自己の振り返りの充実

道徳授業づくりの視点

ねらいの明確化

○本時の指導の意図を明確にし，授業構想へ反映させる。

授業者の指導観 ←→ 児童生徒の実態
       ↘ 指導要領 ↙

・資料，内容項目の中でも，本時で考えさせたいことを焦点化する。
・道徳的諸価値の理解（価値理解，人間理解，他者理解）のもとに，何を考えさせるのか意識する。
・「自己を見つめる」「多面的・多角的に考える」「自己の生き方についての考えを深める」の要素を取り入れた授業を構想する。
・内面と行為を融合させて，子どもに具体的に考えさせる。
・授業構想（発問や手立て）を整理し，質の高い多様な指導方法を工夫する。
※読み物教材の登場人物への自我関与が中心の学習，問題解決的な学習，道徳的行為に関する体験的な学習，等の要素を取り入れる。

児童生徒が主体的に考え，議論する道徳の授業

○発問を吟味するポイント
・子どもの多様な考えや思いを引き出す。
・子ども自らが道徳的な問題を見つけたり，道徳的価値を見いだしたりできるようにする。
・子どもが自我関与しながら考えられるようにする。
・対話を充実させ，多面的・多角的に考えられるようにする。
・問題の解決に向けて議論を深められるようにする。
○思考を深める発問の効果を高めるために
・補助発問，切り返しにより，ねらいに深く迫る。
・子どもの側に立ち，発問の内容，言葉，タイミングなどを考慮する。
・子どもを捉える感度を高め，子どもの思考を深める。

発問の吟味

○「自己の振り返り」における問いかけの工夫
・自分の変容，今後の自分，自分の言動を想起，自分の内面を見つめる，道徳的諸価値の理解の深まり，等
○「自己の振り返り」の効果を高めるために
・ワークシートを工夫する。
・振り返りの時間を確保する。
・振り返りの内容の質を高める（深める）。
・振り返りの継続や教師の価値づけを意識する。
・積み重ねにより，子どもが自ら考え表現することを習慣化していく。
・中長期間で子どもが自分の「自己の振り返り」を読み返し，成長を実感できるようにする。

自己の振り返りの充実

これまでの道徳の授業では，価値の押しつけや心情理解に終始するなどの形式化・形骸化が課題とされてきた。そこで，授業研究部では，「児童生徒が主体的に考える道徳の授業」の具現化をめざし，授業改善に取り組んだ。これまでの実践・成果をもとに，見えてきた3つの視点とその具体をまとめたものが上図である。これを生かして授業実践をし，事後研修において検証，そして，加除修正や追記をし，今に至る。

(2) 成果と課題

- 授業づくりの視点から，「児童生徒が主体的に考え，議論する道徳の授業」に向け，実践を重ね，3つの視点におけるポイントをシートに追記してきた。これをもとに柔軟に，授業構想を立てる手がかりとすることができた。
- 3校合同授業研究会では，1つの授業について3校の教員でグループ協議し，同じ講話を聴くことを通して，成果と課題を共通理解することができた。積み重ねと今後の方向性について整理され，研究を深化させていくことにつながった。
- 今後も質の高い多様な指導方法の工夫を取り入れて実践を積み重ね，授業改善を図っていく必要がある。
- 道徳の授業を通して，六合地区3校の小中連携を継続して深めていくことができるよう，教育課程に反映させていきたい。

2 実践研究部

　各校の道徳教育推進教師が中心となり，道徳の時間と各教科等のつながりを明確化し，小中9年間のつながりおよび各教科等のつながりを意識した，計画的かつ効果的な道徳教育の推進を支えた。

(1) 道徳教育全体計画・別葉・年間指導計画の作成

　以前は，全体計画および年間指導計画について，各学校独自の形式・内容で作成されており，別葉については，いずれの学校においても作成されていなかった。

　そこで，研究初年度は，3校間で「縦の接続」と「横の連携」を意識した枠組みづくりと9年間を見通した内容の検討を行い，全体計画および年間指導計画の見直しを図った。別葉については，形式を検討し，3校共通の形式による重点内容項目に絞った内容のものを作成した。

　研究2年目となる本年度は，初年度に作成したものをもとに実践を積み重ねながら，別葉の見直しに取り組んでいる。今後は，重点内容項目以外のものについて，別葉へ加筆していく予定である。

(2) 指導の工夫

　3校では，道徳の時間を要としながら，以下5つの取組みにより，教育活動全体での道徳教育推進に取り組んだ。

- 各教科における取組み
　各教科等の目標とともに，本時における道徳教育のねらいを明確化したうえで，中学校保健体育科「柔道」や小学校生活科「のりものたんけん」等の授業を行った。
- 特別活動における取組み
　学校行事や学級活動において，活動の目的や目標とともに，活動を通して育みたい道徳的心情，判断力等を意識し，児童生徒に意図的な働きかけを行った。
- 生徒指導における取組み
　島田市では，日本の文化を知り，豊かな心を育てることをねらいとして，和文化教育を継続的に実践している。「形を整えて，心を整える」という考え方が3校に息づいており，各校共通実践として，「あいさつ」「だまってそうじ」「はきものそろえ」に取り組んだ。
- 「私（わたし）たちの道徳」の活用
　道徳の授業の教材としてだけでなく，学年開きや家庭学習カードなどにも活用した。
- 環境整備
　道徳教育を支える環境づくりとして，道徳コーナーの設置，図書館支援員との連携等を進めた。

(3) 成果と課題

- 重点内容項目を意識し，年間を見通した教育活動全体での道徳教育を推進することができた。
- 教員のカリキュラム・マネジメントに対する意識の高まりがみられた。
- 他教科における道徳教育の実践に厚みをもたせていく必要がある。

- 「私（わたし）たちの道徳」の授業以外での活用が十分できていない。

❸ 連携研究部

　各校の教務主任が中心となり，地域・家庭・六合中学校区3校の連携から，道徳教育を推し進めた。

（1）地域・家庭・学校間の連携

- 地域との連携について

　学校ホームページや学校だよりの充実を心がけ，学校と家庭や地域が情報を共有している。そのため学校行事などには地域の方の参加があったり，その様子を取材し自治会だよりに掲載されたりしている。また，学校だよりには3校共通で「こころの窓」という道徳コーナーを設け，道徳教育に関する内容を地域・家庭に発信している。

- 家庭との連携について

　児童生徒と保護者が同じ場で講演を聴き，家庭で内容について話し合う機会とした。また，参加できなかった家庭は，児童生徒から内容を聞いて，いろいろな話ができたとの感想を多数いただいた。
　また，3校では授業参観で，道徳の公開授業を行う機会を設けている。保護者の皆様に授業を参観していただき，授業のねらいを説明したり御意見をいただいたりしている。

- 学校間の連携について

　六合中学校の生徒は，時々六合駅や小学校の校門に行き，あいさつ運動を行っている。また，夏休みにはボランティアで小学校に行き，水泳や算数などの学習をサポートしている。
　3校それぞれの学校で授業研究会を行い，事後研修をグループごとに行う。その際，指導主事や講師を招いて講演などを聴き研修を深めている。そのほか，中学校入学を見据えての入学説明会や小学校へ出向いての「ようこそ先輩」といった交流会も毎年行っている。

（2）成果と課題

- 地区の夏まつり，運動会などのボランティアに積極的に参加するようになった。
- 学校だよりを地域にも配ったり，学校の様子をホームページに頻繁に掲載したりすることで，地域で子どもたちを育てていく雰囲気ができてきた。
- 家庭，地域を巻き込んだ道徳教育の推進の具体策をさらに検討していきたい。
- 地域教材の開発や活用などに，保護者や地域の人々の積極的な参加や協力を得るなど連携を図ることの必要性を検討していきたい。
- 親子で共通体験することの重要性を家庭に広めていきたい。

六合中学校1年 道徳教育 全体計画の「別葉」

重点目標	主体的に判断・行動し，他者とよりよく生きようとする生徒

重点内容項目	A－（1） 自主，自律・自由と責任

		4月	5月	6月	7月	8月
学校行事		入学式 A－(1) B－(6) 新入生歓迎会 B－(6)	前期生徒総会 A－(1) ふるさと探訪 A－(1) B－(6) ステージ集会 A－(1)	全校VS活動 A－(1) B－(6)	終業式 A－(1) B－(6)	始業式 A－(1) B－(6)
道徳		ひとりよりみんなで 私とおじさん	牧之原台地のあけぼの 花火大会	思いやりの一言 雅彦さんの悩み 一枚のはがき お茶摘み	一つの返事 きまりってなぜあるの？ 母の反撃	兄は生徒会長
特別活動		専門委員会 A－(1) 人間関係づくりプログラム A－(1) B－(6)	専門委員会 A－(1) 生徒会代議員会 A－(1)	専門委員会 A－(1) 六合の日 A－(1) B－(6) 生徒会代議員会 人間関係づくりプログラム A－(1) B－(6)	専門委員会 A－(1) 六合の日 A－(1) B－(6)	専門委員会 A－(1)
教科	国語	新しい世界へ「朝のリレー」「オオカミの友だち」B－(6) 詩の内容を理解し，多くの人と協力し，支え合うことの大切さを感じている。	かかわりを捉える「空中ブランコ乗りのキキ」A－(1) 登場人物の生き方から，他人との関わり方とともに，自分の意思を大切にする生き方について考えている。	わかりやすく伝える「クジラの飲み水」B－(6) 友だちの作品を鑑賞し，その努力や工夫を見取り，コメントをしている。		
	数学			2章 文字式 A－(1) 文字を使った式を用いて数量関係を表す活動の中で様々な表し方・考え方を積極的に発表しようとする。		
	理科	植物の生活と種類 A－(1) 植物の種類や構造について興味をもち，観察や実験に取り組んでいる。			物質のすがた A－(1) 状態変化や気体の性質の実験を目的意識を持って意欲	
	社会		人々の生活と環境 B－(6) 世界各地の暮らしについて考え，人々の多様な考え方について理解している。	人々の生活と環境 A－(1) 宗教について知り，異なる宗教が共存していくための方法を考えている。		
	音楽	発声ガイダンス A－(1) 自主的に発声する。	主人は冷たい土の中に A－(1) 歌いやすい高さを考えて歌う。	合唱曲「forever」 B－(6) 思いやり心で協力してパート練習ができる。	文化発表会　学級合唱曲 B－(6) 思いやり心で協力してパート	
	美術			自然物の構成 A－(1) 自分なりの主題を持って表現する。		
	技術			3 設計 A－(1) 材料の特徴を考え，生活に役立つ木製品を構想している。丈夫な構造やデザインを試行錯誤している。		
	家庭			バランスの良い献立を立ててみよう A－(1) 栄養や味のバランスに配慮しながら献立を考えることができる。	願いを叶える食生活について調べよう A－(1) 自分のテーマに沿って食品や栄養について調べて，わかりやすくまとめることができる。	
	保健体育	集団行動 A－(1) 集団での規律を理解し，その場に合った判断や行動をしている。	短距離・リレー A－(1) 自分に適した課題をもち，能力に応じた練習をしている。 B－(6) 互いに励まし，アドバイスをし合いながらバトンパスの練習をしている。		水泳 B－(6) 互いの安全に留意して，練習をしている。	
	英語				Chapter 1 Project 自分のことを伝えよう B－(6) 相手の立場を尊重しながら，スピーチを聞いたり質問したりしている。	
総合的な学習の時間					福祉学習 B－(6) いろいろな人の立場に立って考える事ができる。	

B-(6) 思いやり, 感謝

9月	10月	11月	12月	1月	2月	3月
体育大会 A-(1) B-(6)	文化発表会 A-(1) B-(6)	ステージ集会 A-(1) 古紙回収 A-(1) B-(6) 後期生徒総会 A-(1)	終業式 A-(1) B-(6)	始業式 A-(1) B-(6)		三送会 A-(1) B-(6) 終了式 A-(1) B-(6) 卒業式 A-(1) B-(6)
私のクラスの長縄 部活動が教えてくれた感動 挑戦	ビデオテープ 合唱コンクールに向けて 神様の贈り物 つながっているよ	銀色のシャープペンシル ぼくは死にたくない よみがえれアホウドリ 自分らしさ―松井秀喜―	ゲイラカイトの思い出 好きで年をとったのじゃない 一冊のノート	発明への道 心の目 自由な公園 ママ、酸素切って	二つの利己主義 樹齢七千年の杉 世界に跨る日本の心 スイッチ	エルトゥールル号の奇跡
専門委員会 A-(1) 生徒会選挙 A-(1) 六合の日 A-(1) B-(6)	専門委員会 A-(1) 六合の日 A-(1) B-(6)	専門委員会 A-(1) 六合の日 A-(1) B-(6) 生徒会代議員会 A-(1)	専門委員会 A-(1) 六合の日 A-(1) B-(6)	専門委員会 A-(1)	専門委員会 A-(1) 六合の日 A-(1) B-(6)	専門委員会 A-(1) 六合の日 A-(1) B-(6)
論理的に考える「玄関扉」 「討論ゲーム」B-(6) 発表者の言葉に耳を傾け、意図を聞き取ろうとしている	読みを深め合う「少年の日の思い出」A-(1) 小説から読み取った内容について自分の考えをもち、同じテーマについて話し合いながらさらに自分の考えを深めている。	古典を学ぶ「竹取物語」 B-(6) 友だちの朗読発表を真剣に聴き、よいところを見つけて伝えている。		視野を広げる「この小さな地球の上で」B-(6) 現代の私たちの生活が長い歴史の中に築かれてきたことを感じている。	つながりを考える「内容紹介文」B-(6) 友だちの作品を見て、よいところについて話し合い、さらに高め合おうとしている。	「グループ新聞作り」B-(6) 新入生を歓迎する思いをこめ、学校紹介の記事を書いている。
3章 1次方程式 A-(1) 具体的な場面で、問題解決のために1元1次方程式を利用して主体的に考えようとする。		5章 平面図形 B-(6) 問題解決の場面において、友達の考え方をよく聞き、協力して問題解決に取り組んでいる。	5章 空間図形 B-(6) 問題解決の場面において、友達の考え方に触れ、数学に対する理解が深まることに気づき、友達に感謝する。			
的に取り組もうとする。		身近な物理現象 A-(1) 身近な物理現象について興味を持ち、意欲的に実験に取り組んでいる。			大地の変化 B-(6) 地球で起こる自然現象について、その自然現象から恩恵を受けていることを理解できる。	
	アフリカの人々の暮らしとその変化 A-(1) アフリカの様子について知り、アフリカの人々の暮らしを豊かにするための方法について考えている。	統合を強めるヨーロッパの国々 B-(6) EUについて考え、多様な価値観をもつ人々が共存することについて理解を深めている。			他地域と結びつくオセアニア B-(6) オーストラリアを例に、多文化共生の利点と課題について考えている。	
ト練習ができる		鑑賞「魔王・六段の調べ」 A-(1) 自主的に判断し鑑賞できる。	三送会と卒業式の合唱曲 B-(6) 思いやりの心で協力してパート練習ができる。			
		クロッキー B-(6) 友人の良さを表現しようとする。	絵文字 B-(6) 相手の立場に立って、字が読めなくても伝わる表現方法を工夫する。			
		5 木材による製作 B-(6) 先人の知恵を理解し道具を使用している。	5 木材による製作 B-(6) 機械や道具を大切に使用している。作業学習を協力し合っている。	5 木材による製作 B-(6) 機械や道具を大切に使用している。作業学習を協力し合っている。		
					相手に合ったお弁当を考えよう B-(6) 相手の好みや生活に合わせた弁当を考えることができる。	
器械運動：マット運動 A-(1) 自分の力に応じた技に取り組み、適切な方法で練習をしている。 B-(6) 仲間と励まし合い、互いに尊重し合いながら感謝の心をもって練習している。		球技：ソフトボール B-(6) チーム内で技量に応じた役割を工夫し、ソフトボールを楽しんでいる。	球技：サッカー A-(1) ルールの意義を考え、規範意識をもって学習に取り組んでいる。	武道：柔道 B-(6) 自他共栄の精神を理解し、相手を思いやって柔道の学習をしている。		
				Reading2 Braille B-(6) 英文を読み、点字についてより深く理解している。		Chapter4 Project 手紙を書こう A-(1) お世話になった外国人の先生に英語で手紙を書いている。 Lesson9 オーストラリアからの手紙 A-(1) オーストラリアについて知ることにより、様々な国の文化をより深く理解している。
			進路学習 A-(1) 興味のある職業を自ら選択し、調べ学習を進めている。			

4　静岡県島田市立六合中学校の「考え、議論する道徳」

六合中学校2年　道徳教育　全体計画の「別葉」

重点目標	主体的に判断・行動し，他者とよりよく生きようとする生徒

重点内容項目	A－(1)　自主，自律・自由と責任

			4月	5月	6月	7月	8月
学校行事			入学式 A-(1) B-(6) 新入生歓迎会 B-(6)	前期生徒総会 A-(1) 職場体験学習 A-(1) B-(6) ステージ集会 A-(1)	全校VS活動 A-(1) B-(6)	終業式 A-(1) B-(6)	始業式 A-(1) B-(6)
道徳			葉っぱのフレディー 返事	一座建立 最近の僕を振り返り	たんぽぽ作業所 海がめの浜 人と人とのふれあい ケータイ依存症	傘の下 ネパールのビール 母の指	チームワーク
特別活動			専門委員会 A-(1) 人間関係づくりプログラム	専門委員会 A-(1) 生徒会代議員会 A-(1)	専門委員会 A-(1) 六合の日 A-(1) B-(6) 生徒会代議員会 人間関係づくりプログラム A-(1) B-(6)	専門委員会 A-(1) 六合の日 A-(1) B-(6)	専門委員会 A-(1)
教科		国語	学びの扉をひらく 名づけられた葉 A-(1) 自分らしく輝いて生きる大切さに気づく。	学びの扉をひらく 小さな手袋 B-(6) 父親のシホに対する父性愛に気づく。			
		数学	1章 式の計算 A-(1) 数や図形の性質を文字式を活用して主体的に表現しようとしている。		2章 連立方程式 A-(1) 具体的な場面で，問題解決のために2次方程式を利用して主体的に考えようとしている。		
		理科	化学変化と原子・分子　第1章 物質の成り立ち A-(1) 自分の考えをもち，実験に参加している。 B-(6) 班員と協力して実験に取り組んでいる。			動物の生活と生物の進化 A-(1) 生物の体のしくみや進化について，自分でテーマを設 B-(6) 班員と協力して実験に取り組んでいる。	
		社会	ルネサンス A-(1) 人間らしく生きる権利について考えている。	江戸の身分 A-(1) 身分別の生活や権利を調べている。	日本の領土 A-(1) 隣国との領土問題の現実を探っている。	資源問題 A-(1) 消費の偏りから解決策を図っている。	
		音楽	発声ガイダンス A-(1) 自主的に発声する。	合唱曲「今日は君のバースデー」 A-(1) 歌いやすい高さを考えて歌う。			文化発表会 学級合唱曲 B-(6) 思いやりの心で協力して
		美術	わたしマーク B-(6) お互いの良さや特徴を認め合っている。	わたしマーク B-(6) お互いの良さや特徴を認め合っている。	わたしマーク B-(6) お互いの良さや特徴を認め合っている。		
		技術	1 私たちの生活とエネルギー変換 A-(1) ・エネルギー資源や利用について理解し，生活に役立てている。	2 電気エネルギーの利用 A-(1) ・熱・光・動力への変換と利用について理解し，生活に役立てている。			3 作物の栽培 A-(1) ・身に付けた知識を基に計画的に作物を育成している。
		家庭		わたしの成長と家族 B-(6) 自らの成長を振り返り，成長を支えてくれた人たちに対する感謝の気持ちを抱いている。	わたしたちと家族・家庭と地域 A-(1) 男女共同参画社会について考え，男女がともに社会で活躍できる方法について考えている。		
		保健体育	集団行動 A-(1) 集団での規律を理解し，その場に合った判断や行動をしている。	短距離・リレー A-(1) 自分に適した課題をもち，能力に応じた練習をしている。 B-(6) 互いに励まし，アドバイスをし合いながらバトンパスの練習をしている。		水泳 B-(6) 互いの安全に留意して，練習をしている。	
		英語		Lesson 2 ジェスチャー A-(1) ジェスチャーの違いを知ることで他国の文化への関心をもっている。			
総合的な学習の時間							

B－(6)　思いやり，感謝

9月	10月	11月	12月	1月	2月	3月
体育大会 A－(1) B－(6)	文化発表会 A－(1) B－(6)	ステージ集会 A－(1) 古紙回収 A－(1) B－(6) 後期生徒総会 A－(1)	終業式 A－(1) B－(6)	始業式 A－(1) B－(6)		三送会 A－(1) B－(6) 終了式 A－(1) B－(6) 卒業式 A－(1) B－(6)
みんなでとんだ 清流祭で学んだこと 二つの利己主義	ひまわり 同級生岡山君の八年後の証言 施設訪問で得たもの たまたま女にうまれただけ	くんちゃんやすめ あきらめないことそれが冒険だ シルバーシートがなくなる日まで サッカーの種をまく	西中生ここにあり 「もったいない」の心 告知	教室とバケツの水 1歳から100歳の夢 国 敗者	前を向いて進むために オーロラの向こうに 生命の架け橋となって 思いやりの一言	新しい自分
専門委員会 A－(1) 生徒会選挙 A－(1) 六合の日 A－(1) B－(6)	専門委員会 A－(1) 六合の日 A－(1) B－(6)	専門委員会 A－(1) 六合の日 A－(1) B－(6) 生徒会代議員会 A－(1)	専門委員会 A－(1) 六合の日 A－(1) B－(6)	専門委員会 A－(1)	専門委員会 A－(1) 六合の日 A－(1) B－(6)	専門委員会 A－(1) 六合の日 A－(1) B－(6)
	分析的に考える 動物園でできること A－(1) 物事を必死に成し遂げようとする筆者の姿勢に気づくことができる。	古典に学ぶ 敦盛の最期 A－(1) 命よりも武士としてのプライドを優先する強い意志を感じることができる。	読みを深め合う 走れメロス A－(1) 信念を貫いて行動するメロスの姿勢に気づくことができる。			
		4章 図形の性質の調べ方 B－(6) 友達と協力しながら，図形の角度を求めたり，三角形の合同を証明したりする。		5章 三角形・四角形 B－(6) 友達の見方や考え方を知ることで，平行四辺形に対する理解を深められることに気付き，感謝する。		
定して探求することができている。		電流とその利用 A－(1) 実験結果を客観的に捉え，既習事項を元に考察することができている。 B－(6) ペアで協力して実験に取り組んでいる。			気象のしくみと天気の変化 A－(1) 気象現象のしくみについて，既習事項を元に考察することができている。 B－(6) 班員と協力して実験に取り組んでいる。	
静岡県 A－(1) 外国籍労働者との共生について考えている。	王政崩壊 A－(1) 自由平等が確立した歴史を理解している。			東北北海道 B－(6) 冷害克服に至る苦労を理解し，共感している。		大戦後 A－(1) 自主・独立・平和について考えている。
ート練習ができる。		鑑賞「歌劇：アイーダ 歌舞伎：勧進帳」 A－(1) 自主的に判断し鑑賞できる。	三送会と卒業式の合唱曲 B－(6) 思いやりの心で協力してパート練習ができる。			
	4 エネルギー変換の実際 A－(1) ・機器の保守点検や安全な利用に心掛けている。	5 製作品の構想と設計・製作 B－(6) ・機械や道具を大切に使用している。 ・作業学習を協力し合っている。	5 製作品の構想と設計・製作 B－(6) ・機械や道具を大切に使用している。 ・作業学習を協力し合っている。	5 製作品の構想と設計・製作 B－(6) ・機械や道具を大切に使用している。 ・作業学習を協力し合っている。		
幼児の生活と遊び B－(6) 自らの幼児期を振り返り，自らの成長を支えてくれた家族に感謝の気持ちを抱いている。					これからのわたしと家族 A－(1) 自分と家族とのかかわりについて考え，より良い家族の在り方について考えている。	
器械運動：跳び箱 A－(1) 自分の力に応じた技に取り組み，適切な方法で練習をしている。 B－(6) 仲間と励まし合い，互いに尊重し合いながら感謝の心をもって練習している。		球技：サッカー A－(1) ルールの意義を考え，規範意識をもって学習に取り組んでいる。	球技：バスケットボール A－(1) 規範意識をもち，フェアなプレイを心掛け，バスケットボールを楽しんでいる。	武道：柔道 B－(6) 自他共栄の精神を理解し，相手を思いやって安全に柔道の学習をしている。	保健：障害の防止 A－(1) 事故や怪我の発生要因について考え，防止のために必要な行動や対策を自分との関わりの中で考えている。	
Lesson 4 イギリスのヒ A－(1) ヨーロッパについて知ることにより，様々な国の文化をより深く理解している。		Lesson 6 ドイツと日本の3R A－(1) ドイツと日本の3Rを知り，環境に関する自分なりの考えをもって行動している。	Chapter 3 Project 将来の夢 B－(6) 相手のスピーチを聞いたり質問したりしている。			Reading 3 マザーテレサ B－(6) マザーテレサの伝記を読んで人を思いやって行動することの大切さに気づくことができている。
	進路学習 A－(1) 身近な上級学校や高校生活について調査をし，自身の個性に合った進路を考えることができている。					

4　静岡県島田市立六合中学校の「考え，議論する道徳」

六合中学校3年　道徳教育　全体計画の「別葉」

重 点 目 標	主体的に判断・行動し，他者とよりよく生きようとする生徒

重点内容項目	A－（1）　自主，自律・自由と責任

			4月	5月	6月	7月	8月
学　校　行　事			入学式 A－(1) B－(6) 新入生歓迎会 B－(6)	前期生徒総会 A－(1) 修学旅行 A－(1) B－(6) ステージ集会 A－(1)	全校VS活動 A－(1) B－(6)	終業式 A－(1) B－(6)	始業式 A－(1) B－(6)
道　　　　徳			14歳 明日へ出発	バスと赤ちゃん キャプテン	二つのきまり 教え子からの手紙 気付かされた当たり前のこと 自分の世界	万引き—死亡事故— 分かってほしいのに… 二人の弟子	校内体育大会
特　別　活　動			専門委員会 A－(1) 六合の日 A－(1) 人間関係づくりプログラム A－(1) B－(6)	専門委員会 A－(1) 生徒会代議員会 A－(1)	専門委員会 A－(1) 生徒会代議員会 人間関係づくりプログラム A－(1) B－(6)	専門委員会 A－(1) 六合の日 A－(1) B－(6)	専門委員会 A－(1)
教　　科	国　　語		学びの扉をひらく 水のような人 B－(6) 作者の意図を理解することで，他者を理解しようとする。	かかわりを捉える 握手 B－(6) ルロイ神父の自分の信念に誇りをもった生き方と同時に，園児への無償の愛に気づく。			
	数　　学		1章 式の計算 A－(1) 数や図形の性質を文字式を活用して，主体的に表現しようとしている。			3章 2次方程式 A－(1) 問題を解決するために，2次方程式を活用して，主体的に考えようとしている。	
	理　　科		運動とエネルギー A－(1) 運動とエネルギーについて，目的意識をもって実験・観察に取り組み，科学的に考察している。		生物の成長とふえ方 A－(1) 細胞分裂や遺伝について興味をもち，観察や実験に取り組んでいる。		
	社　　会		第7章 二度の世界大戦と日本1 第一次世界大戦の始まり B－(6) 考え方の差，民族問題を理解し戦争を考える。		第7章 二度の世界大戦と日本3 経済と外交の行きづまり A－(1) 日本の置かれた状況から解決策を自分なりに考える。	第1章 私たちの暮らしと現代社会2 日常生活と伝統・文化，芸術 B－(6) 異文化交流を積極的に行うことの意義について考える。	
	音　　楽		発声ガイダンス A－(1) 自主的に発声する。	合唱曲「地球の歌」 歌いやすい高さを考えて歌う			文化発表会 学級合唱曲 B－(6) 思いやりの心で協力して
	美　　術		つかむ手 A－(1) 自分の表現主題に合わせて，技法を使い分けながら表現方法を工夫している。	つかむ手 A－(1) 自分の表現主題に合わせて，技法を使い分けながら表現方法を工夫している。	つかむ手 A－(1) 自分の表現主題に合わせて，技法を使い分けながら表現方法を工夫している。	つかむ手 A－(1) 自分の表現主題に合わせて，技法を使い分けながら表現方法を工夫している。	
	技　　術		1情報と私たちの生活 B(6) 情報モラルを意識している。	3情報通信ネットワークと情報セキュリティ A(1) 情報通信ネットワークの危険性やセキュリティを理解し，生活を豊かにしている。			
	家　　庭		衣服の働き A－(1) 下着，遊び着，仕事着の役割について進んで考えている。	衣服の活用 A－(1) TPOに応じた衣服を考え，実用に向けてイラスト化している。	服の手入れ A－(1) 洗濯やアイロン掛けの方法を知り，進んで実践しようとしている。	衣服の修繕 A－(1) ホックやボタン付けの方法を学び，生活に応用しようとしている。	
	保　健　体　育		集団行動 A－(1) 集団での規律を理解し，その場に合った判断や行動をしている。	短距離・リレー A－(1) 自分に適した課題をもち，能力に応じた練習をしている。 B－(6) 互いに励まし，アドバイスをし合いながらバトンパスの練習をしている。		水泳 B－(6) 互いの安全に留意して，練習をしている。	
	英　　語		Lesson1 修学旅行 A－(1) 自国の文化のよさを知り，自分なりに考えたことを英語で表現している。		Lesson3 アラスカとインドからのEメール A－(1) インドの食事の作法を知ることで他国の文化への関心をもっている。		
総合的な学習の時間							

B-(6) 思いやり，感謝

9月	10月	11月	12月	1月	2月	3月
体育大会 A-(1) B-(6)	文化発表会 A-(1) B-(6)	ステージ集会 A-(1) 古紙回収 A-(1) B-(6) 後期生徒総会 A-(1)	終業式 A-(1) B-(6)	始業式 A-(1) B-(6)		三送会 A-(1) B-(6) 終了式 A-(1) B-(6) 卒業式 A-(1) B-(6)
手紙~拝啓十五の君へ~ 俺っち・私っち Dear	違うんだよ，健司 ドラッグは二つの顔をもつ ハチドリのひとしずく 明日の挨拶・江戸しぐさ	朝日さす樹海 さよならホストファミリー 「やりたいこと」と「やれること」 真実一路	「優しさ」という名の「差別」 お母さん，僕が生まれてごめんなさい 学校に行かなければ幸せ	明日もまた生きていこう 富士山頂 誰かのために 地球異変	金メダルより大切なもの 卒業文集最後の二行 まるごと好きです 死んだ家族のためにも・答辞	愛のピザ
専門委員会 A-(1) 生徒会選挙 A-(1) 六合の日 A-(1) B-(6)	専門委員会 A-(1) 六合の日 A-(1) B-(6)	専門委員会 A-(1) 六合の日 A-(1) B-(6) 生徒会代議員会 A-(1)	専門委員会 A-(1) 六合の日 A-(1) B-(6)	専門委員会 A-(1)	専門委員会 A-(1) 六合の日 A-(1) B-(6)	専門委員会 A-(1) 六合の日 A-(1) B-(6)
		情報を読み解く 情報社会を生きる A-(1) メディアの功罪を理解することで，客観的な見方ができる。	古典に学ぶ 論語 A-(1) 孔子の生き方について学ぶことで自分の生き方を振り返る。 B-(6) 孔子の考える思いやりについて自分の考えを持つ。			
		5章 相似な図形 B-(6) 友達と協力しながら，中点連結定理を利用して，課題解決に取り組んでいる。	6章 円 B-(6) 自分とは違った友達の見方や考え方を知ることで，円周角や中心角に対する理解を深められることに気付く。	7章 三平方の定理 B-(6) 友達の見方や考え方を知ることで，三平方の定理の活用に対する理解を深めることに気付き，感謝する。		
自然界の生物のつながり B-(6) 人も自然界とつながりがあり，様々な生物の活動が人の生活を豊かにしていることを理解できる。	化学変化とイオン A-(1) 電気分解や中和の実験を意欲的に行い，科学的に探求しようとしている。		地球と宇宙 A-(1) 天体の動きや特徴について，意欲的に調べようとしている。		地球と明るい未来のために B-(6) 自然環境と人間の関わりについて，自然から恩恵を受けていることを知り，また，科学技術の発展が生活を豊かなものにしていることを理解できる。	
人間を尊重する日本国憲法2 国民としての責任と義務 A-(1) どこまでが権利でどこまでが義務かを考える。	第3章 私たちの暮らしと民主政治1 選挙の意義と課題 A-(1) 正しい選挙方法を自分なりに考えることができる。	第3章 私たちの暮らしと民主政治2 裁判員制度と司法制度改革 A-(1) 模擬裁判で自分なりの判決を出せる。		第4章 私たちの暮らしと経済1 市場のはたらき B-(6) 消費者と生産者の立場の違いを理解する。	第4章 私たちの暮らしと経済3 経済の成長と安定 A-(1) 日本の現状から，自分なりの経済政策を考える。	
パート練習ができる。		鑑賞「合唱・バレエ・協奏曲・管弦楽の名曲」 A-(1) 自主的に判断し鑑賞できる。	三送会と卒業式の合唱曲 B-(6) 思いやりの心で協力してパート練習ができる。			
		石彫 A-(1) 完成図に合わせて，道具や彫り方を工夫している。	石彫 A-(1) 完成図に合わせて，道具や彫り方を工夫している。	石彫 A-(1) 完成図に合わせて，道具や彫り方を工夫している。	石彫 A-(1) 完成図に合わせて，道具や彫り方を工夫している。	石彫 A-(1) 完成図に合わせて，道具や彫り方を工夫している。
	7 プログラムによる計測・制御 A(1) 生活の中にある計測・制御の仕組みを理解し，日々の生活を変えていこうとしている。	7 プログラムによる計測・制御 A(1) 生活の中にある計測・制御の仕組みを理解し，日々の生活を変えていこうとしている。	7 プログラムによる計測・制御 A(1) 生活の中にある計測・制御の仕組みを理解し，日々の生活を変えていこうとしている。			
作品づくり A-(1) 縫い方の基礎を身につけ，日常生活に役立つ作品をつくろうとしている。	作品づくり A-(1) 布を利用した作品づくりを完成させようとしている。	住居 A-(1) 将来の生活に活かすため，安全で快適な住まいを考えようとしている。	住居 A-(1) 安全で快適な住まいを工夫し，設計しようとしている。	消費生活 A-(1) 消費者の権利とトラブル回避の方法を進んで学ぼうとしている。	環境 B-(6) 人類も他の生き物も共存できる環境を考え実践しようとしている。	調理 B-(6) お世話になった人へ感謝を込めてホットケーキ作りに挑戦しようとしている。
球技：バスケットボール・サッカー A-(1) チームの課題をつかみ，戦術を工夫してゲームを行っている。 互いの特性や能力を尊重し合い，安全にゲームを楽しんでいる。			保健・健康な生活と病気の予防 A-(1) 生活習慣と健康の関わりを理解し，自らを律して生活することの大切さが分かっている。			
Lesson4 スピーチ B-(6) 西岡京治がブータンでしたことについての英文を読んで人を思いやって行動することの大切さに気づくことができている。			Chapter3 尊敬する人についてスピーチをしよう B-(6) 自分に影響を与えた人物に感謝の気持ちをもちつつ，その人についてのスピーチを書いている。	Lesson7 アンネの日記 B-(6) アンネの日記を読み，人を愛することの大切さに気づくことができている。		
生き方学習 A-(1) 自分の将来と，その実現に向けた進路を考えることができている。						

4 静岡県島田市立六合中学校の「考え，議論する道徳」

❶ 2年　教材「ネット将棋」

自主的に考え判断し誠実に実行しよう

1 主題設定の理由

(1) 生徒の実態

　生徒たちは，1学期は道徳「最近の僕をふりかえって」を通して，自分の弱い心と向き合い，自らを律していくことの大切さについて深く考えた。その後，定期テストや体育大会，文化発表会では，目標を立て前向きに取り組む姿がみられた。しかし，自分の行動がどのような結果につながるかまで考えられている生徒は少なく，自分の担当する仕事をしないために他の生徒の仕事を増やしてしまったり，深く考えずに周りの雰囲気に流されてしまったりすることがある。そこで，この教材を通して，自主的に考え判断し，その結果に責任をもって行動しようとする態度を養いたいと考えた。

(2) 主題の設定について

　本時では，「A［自主，自律，自由と責任］」を扱う。学習指導要領解説に書かれるとおり，「ほかからの制御や命令を待つことなく，自分の内に自ら規律を作り，それにしたがって行動しようとする」という自律の精神と「他人の保護や干渉にとらわれずに，善悪に関わる物事などについていくつかの選択肢の中から自分で最終的に決める」という「自主」の精神を養うことで，学んできた道徳的価値の実践力を高めることができる。その基盤として，「自由」に伴う「責任」を意識して行動すること，また，他者や自分に対して偽りなく誠実に行動することが求められる。本教材では，自ら考え，判断，決定したことに対して，結果を素直に受け入れる責任ある態度を養いたい。

(3) 教材分析

　本教材は，ネット将棋を題材に，自分の気分や感情に左右されて自分勝手にログアウトしてしまっていた「僕」が，顔の見えない相手にも「負けました」と言うことができる「敏和」の考えにふれ，自分の行動が自分や周囲にどのような影響を与えるのかを考え始めるというものである。教材中の「僕」と「敏和」の比較を通して，自分の行動に責任をもって生活することがいかに難しく，大切なことかを理解させたい。また，「僕」のこれからの行動について具体的に考えることを通して，責任ある行動とは何か，自分が成長するためにはどうすればよいかを考えて行動しようとする態度を養う。

2 指導計画

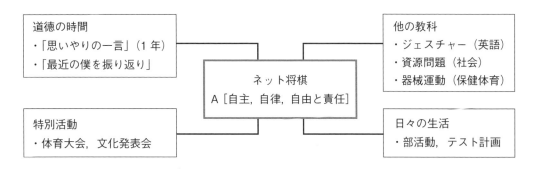

3 評価について

　本授業では，評価のポイントを道徳的価値の理解のもとに「自己を見つめることができたか」とした。具体的には，「今までの自分やこれからの自分について考え，責任をもった行動が自分の成長につながることを実感し，誠実な態度で生活しようとする」姿が見られればよいと考えた。そして，こうした表れが発言やワークシートの記述に表れているかを評価の観点とした。

4 指導の手立て（手法）について

　今回は「考え，議論する道徳」を展開するために，「自主・自律」について自身の生活に結びつけて考える場面を設定した。生徒たちは中学2年生になり，学習や部活動を通して大きく成長してきている。そのため，導入で「自らの成長」というプラスの経験を喚起させ，教材を読む中で，自分が成長できたのはなぜかを再認識させる展開を構想した。

　教材を読み，何が問題かを考える場面では，小集団による話合いを設定した。複数の視点から考えを述べ合うことで，教材に書かれている内容と重要だと思われる内容・価値を確認し，「自主・自律」的な行動がとれなかった「僕」の問題点を正確に捉えることができる。また，飾り気のない本心からの考えを出すことで，「自主・自律」に対して，自分たちがどう考えているのかを明確にさせるねらいがある。そして，主発問では「僕」に自分を重ねることで，客観的に「自主・自律」について考え，最後に自分の生活の中でどのような行動が「自主的に考え判断し，責任をもって行動すること」になるのかを振り返らせる。

5 指導案

- ●対象学年　　　　第2学年
- ●主題　　　　　　自主的に考え判断し誠実に実行しよう
- ●内容項目　　　　A［自主，自律，自由と責任］
- ●教材（出典）　　「ネット将棋」（出典：文部科学省『中学校道徳読み物資料集』）

ねらい　「僕」のこれからの行動について具体的に考えることを通して，自主的に考え，判断し，その結果を受け入れ，責任をもって行動しようとする態度を養う。

	おもな発問と生徒の反応（○教師　☆生徒）	指導上の留意点
導入 15分	1．学習への意欲を喚起する ○2年生になってから自分が成長したと感じたのはどんなときだろう。 (1) 全体で意見を交流する。（5分） ☆部活でプレーがうまくなった。 ☆後輩にわかりやすく指示が出せるようになった。 ☆1年生のころを反省して授業に集中している。 2．教材を読む ○「ネット将棋」を範読する。	・事前に「自分の成長を感じたとき」「成長できた理由」についてアンケートを実施し，その中から事例を紹介する。 ・自分を高めた経験を挙げ，授業最後の振り返りに生かす。
展開 25分	3．何が問題かを考える（課題発見） ○「僕」のネット将棋はどうしてうまくいかなかったのだろう？ ☆いきなりログアウトして，真剣に戦わないから。 ☆勝ちたい気持ちばかりで自己中心的だから。一緒に戦う相手がいなくなってしまう。 ☆「僕」は相手からアドバイスをもらうのも恥ずかしいと思っていたから。 ○「僕」と「敏和」の将棋に臨む姿勢の違いを図式化して板書する。 ○教材の読み取り内容を白で板書し，生徒の考えを赤で加筆していく。 4．問題について話し合う（課題解決） ○あなたが「僕」なら，この後どうするだろうか。 (1) 発問を聞いて各自で考える。 (2) 全体で意見を交流する。 ☆負けたら，今度は「負けました」と言う。素直になればアドバイスが心に残るから。 ☆投げ出したくなる自分の気持ちをぐっと抑えて，アドバイスを聞く。冷静さが増すと思う。	・ネット将棋に対する「僕」と「敏和」の取組みの違いを考え，相手への礼儀や自主的・自律的な姿勢から，行動に対して責任をとることの重要性を理解する。 ・補助発問「『僕』がログアウトした理由」や「今後，『僕』はどうなるか」を問い，行動と結果が結びついていることを理解させる。 ・「敏和」の素直に結果を受け入れようとする態度から考えたことをもとに，他者や自分と誠実に向き合いながら行動することの大切さを理解する。

	☆試合に全力を尽くしてそれでも勝てなかったら，負けを認める。自分がやったことの結果を受け入れることも強さだと思うから。	・行動の理由を問い返すことで，自らの判断・決定に，どんな結果が待っているかを意識させる。
終末 10分	5．学習を振り返る ○これからあなたがさらに成長するためにどんなことができるだろうか。 (1) 発問を聞いて各自で考える。 (2) 全体で意見を交流する。 ☆自分の行動の結果まで考えて行動する。 ☆これからは何かするときに，自分で「これ」と決めてやって，後悔しないようにしたい。 ☆2年生になって自分が成長できたのは自分で決めてやったからだったんだな。 ☆自分の行動が周りの人にどう影響しているのかを考えなければならないなと思った。	・今までの自分やこれからの自分について考え，責任をもった行動が自分の成長につながることを実感させる。 ・自由と責任について，自分の経験を振り返る。

6 実際の授業の様子／生徒の変容

(1) 実際の授業の様子

　教材を読み取り，課題を発見する場面では，ホワイトボードを使用して班での話合いを行った。それぞれが各自の判断基準をもって「僕」の行動についてどう考えるかを述べ合った。その中でも，多くの班が負けを認めることのできない「僕」のプライドの高さや最後まで試合をやり通さない心の弱さに注目していた。

　小集団での話合いの内容を全体で交流する場面では，感想戦を行いネット将棋で力を伸ばした「敏和」と「僕」を比較し，「自分でやると決めたからには最後までやり通さなければならない」「ずるいことはせず，負けても次に生かしていかなければならない」という「自主・自律」の価値に近づくことができた。また，「心から負けましたと言う」「一つ一つのあいさつを大切にする」など，「誠実さ」や「礼儀」に関わる意見も出され，内容に広がりがみられた。「このまま『僕』が同じことを繰り返して

いたらどうなるか」という補助発問に対しても，「きっと強くなれない」「将棋が面白くなくなって，やめてしまうだろう」と行動と結果を結びつけて考えることができた。

　主発問に対して，生徒の多くは「素直に負けを認めるようになる」と答えた。その理由については「誠実」であることで「自分のためになることは何かが見えてくる」と答えた。また，「自分よりも強い相手と戦って，自分の弱点を知る」と答えた生徒もおり，以前の「僕」のように勝ち負けに固執するのではなく，「自分がやると決めたことをやり通すことで力がつく」と「自主・自律」の立場から考えていた。

（2）生徒の変容

　今回の授業では，教材を通して理解した「自主・自律」や「誠実」の考えを自分の生活と結びつけて考えられるかが課題であった。そこで，「指導の手立て」でも挙げたように，生徒には「自身の成長」を意識させて授業を行った。

　事前のアンケートや授業導入時の生徒の発言では，自身の成長を「～できるようになった」という結果のみで捉えており，なぜ成長できたのかという質問には「がんばったから」「先輩になったから」という漠然とした答えしか返ってこなかった。

　しかし，客観的に「僕」の行動を捉えた後，もう一度，「自身の成長」について考えさせたところ，一部の生徒は「素直に負けを認める」といった教材にある表現にとどまっていたが，多くの生徒が自分なりに内容を捉え直し，成長方法を考えることができた。

①主発問「あなたが『僕』ならこの後どうする？」
②振り返り「あなたがさらに成長するにはどんなことができる？」

生徒A
①自分の負けを心から認められるようにする。最後まで自分が受けた試合なのだから戦う。「ありがとうございました」を本気で言えるようにする。
②部活などで，この話の将棋のように負けてしまっても，ちゃんと「ありがとうございました」を戦ってくれた相手に感謝の気持ちを込めて言い，自分が気持ちよく終われるようにする。そうすれば，負けた試合でもよい試合として記憶に残るから。

生徒B
①まずは敏和のまねをして「負けを認めて自分の欠点を振り返る」ことから始めると思います。それがうまくいったらもっと上の人とやったりして，ダメだったら，また新たに自分のやり方を探せばよいと思います。
②自分ができていないところをしっかりと認めて，次にどうすればよいかを考えることだと思います。誰にだって失敗があって，その失敗を仲間と一緒に考えてどうやって解決するかでしっかりと成長できるかが決まるかなと思います。

生徒C
①敏和の言葉を聞いて，自分が負けたこと，弱いことを認めて，強い相手とも対局をして感想戦もしっかりやると思う。
②とりあえず素直になって言われたことに反抗しないで受け入れることが大切だと思う。また，人としっかり向き合うことが重要だと思う。いろいろなことをしっかりとやりとげることも大切。

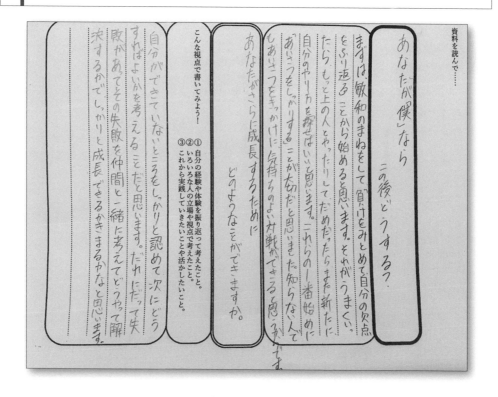

4 静岡県島田市立六合中学校の「考え，議論する道徳」

❷ 3年　教材「違うんだよ，健司」

信頼し合い励まし合って友情を深めていこう

１ 主題設定の理由

(1) 生徒の実態

　3年生のこのクラスは互いの個性を尊重し思いやりながら生活している様子が随所でみられる集団である。その傾向は集団生活を円滑に送るために大切な特性だと考えられる。しかし，相手に配慮するあまり，その場しのぎの友情に流される傾向もあり，ブレーキをかけたり方向修正したりするのは苦手である。集団で取り組む活動で非協力的な態度で参加することはないが，思い切って指示を出すことができる生徒は少ない。道徳の授業では，「なぜそう考えるか」を互いに伝え合うことを意識させてきた。同じ結論でも，到達する過程ではさまざまな考え方をしている。その違いを大切にして，自分と比較することによって，視野を広げてほしいと考えている。体育大会ではリーダーの思いが通じない場面があっても，遠慮し合って本音を出し合えない姿がみられた。しかし，文化発表会に向けての合唱練習では，互いの立場を尊重しながらも意見をぶつけ合うことができた。最後まで諦めずに練習に取り組み，自分たちが納得できる合唱をつくり上げたという経験から，集団としての自信と達成感をもつことができた。

　いろいろな体験を共有していく過程で，意見の相違があるのは当然のことである。相手のことを真剣に考えたとき，「言いたくないから」という自分の気持ちを優先しているばかりでは解決できないこともある。さまざまな場面での真剣な対応の積み重ねによって人間関係が育っていくことを，学校生活全般を通して感じさせていきたいと考えている。

(2) 主題の設定について

　生徒には，学校生活をはじめとする人との関わりを通して，「互いの個性を認め，相手への尊敬と幸せを願う思いを大切にしていけば，悩みや葛藤を共に乗り越えた先に，生涯にわたる信頼に支えられた友情を築くことができるはずだ」という可能性を感じてほしいと願っている。友情の尊さを理解し，友達を心から信頼して，互いに励まし合い高め合おうとする道徳的心情を育てていきたい。

(3) 教材分析

　転校が多いことから友達を求めて積極的に関わり，思ったことをはっきり口にしていく「健司」。友達に合わせて流されがちな優しい「僕」。ちょっといい加減なところ

のある「耕平」。同じ野球部に所属し,家も近い3人は,登下校も一緒で共に過ごす時間が長い。2年生になって,耕平の元気がないことを心配した健司に頼まれて「僕」は耕平に声をかけるが,「いや,ちょっとな」と言われてそれ以上無理に聞き出そうとしない。この三者のような友人関係は生徒の実態に近いものだと考えられる。

　本時では教材前半の「生活態度が心配な耕平」に対する,「健司」と「僕」のアプローチが違っている場面を扱う。まず「もし自分だったらどんなふうに対応するか」について,理由と合わせて考える。その後設定した小集団での交流活動を通して,生徒たちは,「友達への関わり方やその行動に込められた思いには,人によって違いがある」ということを実感するだろう。日々の生活の中では友情についてそれほど深く考えていない生徒たちが「本当の友情」について深く考えることに,この活動を設定した意義がある。

　何もかもすべて伝え合う友人関係が理想的であるとは言い切れないのも事実である。また,関係をつくらなければ人生は豊かなものにならないが,人間関係にマニュアルは通用しないのが難しいところである。しかし,互いに相手を尊重しながら育てた友情は,人間関係の中でも大きな価値のあるものであり,人生の糧でもある。耕平への関わり方を軸にして,友情について深く考えることのできる教材である。

2 指導計画

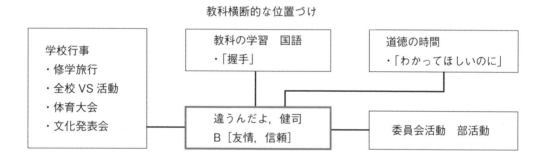

3 評価について

　本授業では,評価のポイントを「多面的・多角的に考えることができたか」とした。教材のそれぞれ登場人物の行動がどのような思いからなされているのかを考える。そして,「友情についていろいろな観点で考え,相手を尊重し,励まし合いながら人間関係を続けていこうとする」発言や思いを引き出すことをねらいとしている。ワークシートや級友との議論の様子を通して,こうしたことが表れているかを評価の観点とした。

4 指導の手立て（手法）について

　今回の授業では「考え，議論する道徳」を展開するための手立てとして，小集団での交流活動を取り入れた。教材の前半部分のみを扱い，十分な意見交換の時間と振り返りの時間を保障した。

(1) 国語科の授業における話合い活動について

　4月から，担当している国語科の授業において，小集団での交流活動を進めてきた。ねらいは，なるべく多くの生徒に自分の意見を表現させることである。それと同時に，友達の意見を聴き取り自分の考えと比較することを通して，根拠とする表現やその表現から読解を進める思考の過程にはいろいろなものがあることを感じさせたいと考えている。互いに学習し合ったことは定着率も高く，それ以後の学習に生かされることが多いからである。

　交流活動を設定するときには，交流活動の目的を吟味しなくてはならない。自分の授業ではさまざまな考え方を出し合うことを学習させたいと考え，文学作品の読解学習で活用することが多い。一つの正解を求めていく学習ではなく，納得のいく考えを共有するための学習である。小集団の交流では，司会者・発表者・ボード制作者などの係を分担させ，もちろん協力しながらではあるが，ローテーションしながら全員にすべての係を体験させ，以下の手順で活動させている。

・表現や既習事項，生活体験などの根拠を明らかにして，全員が自分の考えを文章化する。
・伝え合いの最初には全員に1人30秒程度の「発言する時間」を保障する。その時間には他のメンバーは自分の考えと比較しながら聴くことに徹し，肯定的に相づちを打つことはするが，質問して発言を止めるようなことはしない。30秒が過ぎたら途中でも発言者が交代し，時間不足で言いたりなかったことは，その後の話合い活動で積極的に出し合う。
・司会者を中心に話合いを進める。司会者は意見を集約するだけではなく，比較したり類型化したりして広げていくように工夫する。出てきた意見の関わり合いに注目して話合いを進めていく。
・自分たちの集団で話し合ったことを端的にまとめた発表ボードを作る。
・発表者は話合いの内容を付け加えながらボードを使って全体に広げていく。

(2) 道徳の時間における小集団での話合い活動について

　道徳の時間においても，国語科の方法を生かして，何回か小集団での話合い活動を実践してきた。小集団活動では「なぜ，どんな根拠で自分はそのように考えたのか」を相手に伝えることが前提になっている。道徳では国語と違って文章表現を根拠とすることはないが，理由を明らかにして自分の考えを説明することは同じである。また，意見交流では一人一人の意見の似ているところを抽象化することが目的ではなく，それぞれの思考の微妙な違いを認め合ったり納得がいくまで話し合ったりすることが大切であることもよく似ている。

小集団の交流を取り入れることで，自分の意見を表現する機会も他者の考えを詳しく知る機会も保障され，主体的で深い生徒同士の学び合いが成立しやすいと考えている。

5 指導案

- ●対象学年　　　第3学年
- ●主　　題　　　信頼し合い励まし合って友情を深めていこう
- ●内容項目　　　B［友情，信頼］
- ●教材（出典）　　「違うんだよ，健司」（出典：文部科学省『中学校道徳読み物資料集』）

ねらい　耕平に対して「自分だったらどういう理由でどう関わるのか」を考えることを通して，友達のあり方について考え，相手を尊重し信頼し励まし合いながら友人関係をつくり上げていこうとする心情を高める。

	おもな発問と生徒の反応（○教師　☆生徒）	指導上の留意点
導入	1．授業への意欲を喚起する ○どんな友達が欲しいか記述したアンケート結果を提示する。 2．教材を読む ○教材の登場人物を確認する。 (1) 全体で意見を交流する。 ☆3人とも野球部，家が近くて登下校が一緒，共に過ごす時間が多いという関係。 ☆ショッピングセンターで自転車置き場がいっぱいだったときの出来事から3人の関係について考える。 　健司：「そんなのが友達と言えるか。」 　僕　：「お互いに適当に合わせた付き合いが最高」	・どんな友達が欲しいか自由に書かせておく。 ・朝読書の時間を使い，事前に資料を範読しておく。 ・人物関係と出来事についてイラスト等を多用してなるべく簡潔にまとめる。 ・健司と「僕」の考え方の違いに注目させる。 ・3人の関係を把握させて，自分たちの友人関係を意識させる。
展開	3．何が問題かを考える（課題発見） ○2年生になってからの耕平の変化に対する「僕」・健司の対応を確認し，その理由を考える。 (1) 全体で意見を交流する。 ☆(耕平) 部活を休む。授業中は居眠りしている。 ☆(健司) 耕平を心配し，何があったのか知りたいと考えている。 ☆(僕) 耕平が答えてくれないので，聞いてはいけないのだろうと思っている。 4．問題について話し合う（課題解決） ○あなたが「4人目の友達」なら，どうするだろうか。 (1) 発問を聞いて各自で考える。 (2) 小集団で話し合う。 (3) 全体で意見を交流する。	・耕平は，健司が「聞いてみてくれよ」と頼むくらいの状態。「僕」は最初「気になるなら自分で聞けば…」と言っている。 ・理由を考えさせることで，対応は違ってもどちらも耕平のことを真剣に考えていることを実感させたい。

展開	☆〈健司に近い意見：耕平に積極的に関わる〉 ・友達なんだから悩みを聞いて一緒に考えたい。 ・きっと何かあるはずだから自分が力になりたい。 ☆〈僕に近い意見：すぐに引き下がる〉 ・適当に合わせた付き合いだからうまくいっているのに，しつこく聞いて関係を壊したくない。 ・耕平だって自分で考えているはずだから，耕平が話したくなったら聞けばいい。 ・誰にだって言いたくないことはあるはずだ。言いたくないなら，聞いてはいけないのかもしれない。 ☆〈折衷意見：様子をみる・もう少し考えるなど〉 ・耕平の様子をもう少しみて，どうするか決めていく。耕平の本心を見きわめる必要がある。　など	・「相手に合わせる」または「積極的に関わる」ことのどちらかが正解なのではなく，そのときどきで真剣に考えることが必要だと感じさせたい。 ・「本当の友達」というような言葉が出てきた集団にはそのことについても深めさせる。 ・個々に考えを書かせたあとで班で交流し，ある程度類型化したものをまとめて発表させる。 ・発表していくときに，班内での詳しい話合いを生かして，じっくり話させたい。
終末 10分	５．学習を振り返る ○今までの自分を振り返り，これからどんな友人関係をつくっていきたいか，今日の感想を書いてみよう。 (1) 各自で考える。 ☆相手のことを同じように大切に考えていても接し方には差があることがわかった。 ☆一時的に衝突したりうまくいかなくなったりしても，相手のことを真剣に考えて接していれば友情は育っていく。 ☆お互いに相手を大切にしながら友情を育てていきたい。 ○教師の説話 ・生徒の書いたものを全体に紹介し，思いを共有する。	・経験を価値づけして今後の友人関係について書ければよいが，感想でもかまわない。「今までの自分・今日考えたこと・これからの自分」の視点で書けるとよい。 ・友情についていろいろな視点で考えることができたかを振り返る。

6　実際の授業の様子／生徒の変容

(1) 実際の授業の様子

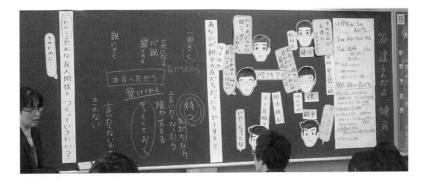

　事前にとったアンケートの結果から，小学生のころに友達と思っていた相手は，近所に住んでいるから一緒に遊ぶ，親同士が知り合いだから行き来があるなどのたまた

ま近くにいた年の近い相手であることがわかった。中学3年生の今，共に部活動に励む友達や趣味が合う友達が増え，友達の条件は自分の世界が広がるにつれて変わっていくことが想像できた。「これからどんな友達が欲しいか」という問いに対して，生徒たちは漠然と「仲のよい友達が欲しい」「自分のことをわかってくれる友達が  よい」と考えてはいるが，具体的な場面を想像しているわけではなかった。

　教材の1年生の部分を使って3人の関係を確認する場面では，自分たちの生活でもよくある関係だと感じたようである。3人の個性を確認しながら，この3人の関係は「本当に友達なのかなあ？」と考える生徒もいた。

　中学2年生の夏，様子がおかしくなった耕平に対して，健司と僕のアプローチの仕方は違っている。その理由を想像したあと，「あなたがこのグループの4人目だったら，どうするか」について考えていった。ここでは時間を5分とり，自分の行動とそういう行動をとる理由を文章化させた。初めの意見では「どうしたのか聞く」13人，「無理に聞かない・待つ」16人に分かれた。

　その後，小集団での意見交流を行った。どこのグループも活発な意見交流をしていた。「聞く」・「聞かない」と立場は反対でも，理由は「友達だから心配になる」「力になりたい」などと，共通しているものもあった。また，「そのままにしておくのではなく，一度は声をかけたい」「耕平の気持ちを大切にしたい」などという意見も出た。グループで十分に話し合ったあと，全体に発表して意見を共有した。

　最後に「そもそも友達って何だろう？　あなたはこれからどんな友人関係をつくっていきたい？」と問いかけた。振り返りの時間は10分程度とって，じっくり考えさせた。また，2人の文章を紹介し，感じたことを共有した。

4　静岡県島田市立六合中学校の「考え，議論する道徳」

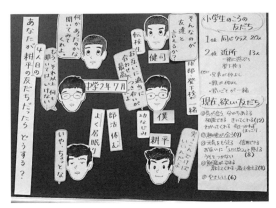

(2) 生徒の変容

　教材の長さや価値について考えたとき，今回のように部分を扱うだけでよいのかという迷いがあった。しかし，結果的には耕平に変化があった場面に絞ったことで，生徒たちが「友情」について真剣に自分のこととして考え直すことになったと考えられる。もし自分が4人目の友達だったらどうするか，そして「なぜそうするか」。人の思いには理由があり，同じ理由でも人によって行動は違ってくる。相手を尊重する気持ちがあればどんな行動をとるかにかかわらず良好な友人関係を築くことができると感じた生徒が多かった。自分にとってどんな友達が欲しいかということから考え始めた生徒たちが，交流や発表を通して友人関係の双方向性に気づき，自分の考えを深めたり広げたりすることができた。

以下は生徒が書いたものです。

> ①あなたが4人目の友達だったらどうする？
> ②これからどんな友人関係をつくっていきたい？

生徒A	①僕が友達だったら、耕平に何で最近変なのかをしっかりと聞き、相手が話してくれるまで聞き続ける。理由は、友達なんだから心配しているんだ！という気持ちをていねいに耕平にぶつければ、きっと耕平も言ってくれるはず。幼なじみなんだからこのくらいのことは聞かないと。それができたら「僕」の言った「適当な付き合い」ではなく隠しごとのない本当の友達になれる。耕平が嫌がっても、もし悩んでいるのならば、聞くことも優しさで友達としては必要だと思う。 ②僕はこれからお互いのことを理解し合うことのできる友人関係をつくりたいです。もしこういう場面になったとき、人によって「聞かないでほしい」と「心配してほしい」という２つに分かれると思う。本当の友達なら「聞かないほうがいいかな」とか「聞いてみよう」など、人によってどう行動するべきか理解することが大切。無理に「どうしたんだ」とか「教えてくれ」とは言ってほしくない人もいる。自分の友達はどっちのタイプなのか、お互いに理解できたらうれしいし、そういう関係をつくりたい。
生徒B	①「最近なにかあったの？」と聞く。友達として友達の心配事や悩み事を解決してあげたいと思うから。 ②心配事や悩み事を自然に相談し合える友人関係をつくっていきたい。また、あまりにも重い話や言いたくない話だったら、そっとしておくというような感じを出せる友人関係でもありたい。
生徒C	①強くは言わないが、最近悩んでいる理由をざっくりでもいいから聞いてみる。なぜなら耕平が一人で悩んでいたら助けるのが友達だから。一人で悩み続けても…… ②本当の友達ならば相手から相談してくれるという意見などがありましたが、それはなかなか難しいと思った。相手からではなく、自分から強くは聞かずに、「最近元気ないけど何があったか？」など声をかけるようにしたいと思った。そう声をかけてもらうと友達は僕が元気ないのを気にかけているとわかるし、めそめそしていたら気を遣わせてしまうと思い、早く元気になろうと思う。相手のことを気にしながら生活したい。
生徒D	①本人に直接聞いてみる。何も言ってくれなかったらそれ以上深くは追及しないで様子をみる。友達だったら相手を心配するのはあたりまえだと思う。だけど本人が何も言わないなら深く聞かないで様子を気にしているほうが耕平にとってもよいと思うから。 ②悩みがあったら相談できるような友人関係。互いが気を遣っているのは本当の友達ではないと思うので、互いが本音で話し合えるような友人関係になりたい。そのために相手の気持ちなどを常に理解していく。

生徒E	①もし僕が耕平の友達だったらそれ以上のことはもう聞かないと思う。その理由はそんなに無理に言ってもらってもかわいそうだし，もし耕平が言ってくれて，もし家族が死んでしまったとか身内の不幸とかだったときに自分は何も手伝うことができないし，問い詰めて言わせてしまっても悪いと思うので，僕が耕平の友達だったらそれ以上のことは聞かないと思う。 ②僕は本当の友達は悩みを言わなくてもわかってくれたり，気づいてくれたりする人だと思うので，気づいてくれたり自分が気づいたりするような友達が欲しい。自分と気が合ったり相談できたりする人が欲しい。自分に悩みがあったときに真剣に聞いてくれたり話をしたりして気が楽になる友達をつくっていきたい。でももし自分が危ないことや悪いことをしそうになったときには注意してくれる友達もつくっていきたい。
生徒F	①無理には聞かない→耕平が言いたくなかったり，言いにくいことだったりしたら，耕平に嫌な思いをさせてしまうかもしれない。自分から話してくれるのを待つ→話してほしい。 ②わたしはお互いに相手を思いやれる関係をつくっていきたいと思いました。悩みがあったら相談してほしいと思うけど，耕平のように話しにくいことや話して解決するわけではないこともあることがわかったので，友達だからといって無理に聞くことはやめたいです。でも互いに相談し合えるような友人関係をつくれたらいいなと思います。
生徒G	①何も聞かない。話したくないことを無理矢理聞いても耕平は話したくないだろうし，自分から聞くよりも相談しにきてほしいと思うから。聞かなくてもよいと思うし，話さないなら話したくなるまで待つか，陰で支えてあげればよいと思う。 ②理解し合える友達がいい。ずっと一緒にいなくてもその人ならわかってくれることがあるし，つらいときなどに相談できるから。そのためにはまず話したいことは話すべきだと思う。「自分はこういう人間」と知ってもらうことが大事だと思う。「友達」という肩書きだけではなく，心が通じ合っているみたいなそんな友達が必要だと感じた。たくさん友達がいるということよりも，少人数でも自分をしっかり理解してくれる人は必要だと感じるから…。量より質です。

| 生徒H | ①何があったのか聞いてみる。それで答えてもらえなかったら「もし言いたくなったら言って」と言って終わる。なぜなら言いたくないことを無理に言わせる必要もないと思うから。相手が言いたいタイミングがあると思うし，知られたくないかもしれないから無理矢理聞かない。けれど，ちょっとは気を遣ってあげる。見守る。
②どんな相談や悩みも聞いてくれるし言ってくれるような友人関係をつくっていきたいです。そのためには普段から人に優しくしたり相談にのってあげたりするほうがいいと思う。ほかにも気を遣わなくていいような友人関係をつくっていきたいです。どちらにも関わるけれど，相手のことをよく知ることが大切だと思うし，それを知ったうえでよい関係ができると思う。お互いに相手のことをよくわかるような友人をつくっていきたいです。 |

❸ 3年　教材「えっ？　私が裁判員？」

法やきまりは何のためにあるのか

1 主題設定の理由

（1）生徒の実態

　学校のルールや交通ルール，ケータイ利用時のマナーを守って多くの生徒は生活している。

　しかし，選挙権が18歳に引き下げられ，あと数年で社会的な義務や責任がのしかかってくることについて関心はまだ薄い。ましてや，20歳になって裁判員になる可能性が誰にもあることなど考えが及んでいない。裁判については遠い存在と考え，自分との関わりを見いだしにくいのが実態である。そこで，司法参加に関わる教材を用いて，主人公と自己を重ねながらどのように行動するのかを考えさせることで，近い将来に生じる義務を果たしていこうとする態度を育てたい。

（2）主題の設定について

　「法やきまりの意義を理解し，遵守するとともに，自他の権利を重んじ，義務を確実に果たそうとする態度を育てる。」

　中学3年となると，学校全体のリーダーとして集団を引っ張っていくことに関しては，権利と義務について考え行動に移そうとする態度が，行事や委員会活動を通して育ち始めている。義務教育最後の学年であることから，そこから一歩進んで，社会の一員であるという自覚のもとに，法やきまり，国の制度に及んで，与えられた権利を重んじ，そのためには義務も果たさなければならないことを考えさせたい。

（3）教材分析

　主人公「理子」は，できれば裁判員

異なる意見，同じ意見の人と意見交換

にはなりたくないと考えている。引き受けることによって生じる問題を考えると面倒で，快く返事をすることができないでいる。裁判所からのあいさつ文や兄の言葉，自分の正直な今の気持ちと友達の考え，それぞれの間で引き受けるべきかどうか迷う主人公理子。この後，理子はどうするのか，生徒たちに考えさせる教材となっている。そして，司法制度である裁判員制度を通して，法やきまりが何のためにあるのか，それらを遵守することにどんな意義があるのかにふれる教材となっており，権利を尊重することと同じように自分の利害に関わりなく義務を果たしていくことの大切さに気づかせてくれる内容となっている。

そこで，「理子は裁判所にどちら（断るか引き受けるか）の返事をしたと思うか」理子の立場で理由を書かせ，それぞれの気持ちを話し合わせたい。そうすることで，自分の利害のほうを優先させようとする人間の本音の部分に共感させつつ，兄の言葉や裁判所のあいさつ文によって個人から社会へと視野を広げ，よりよい生活を保障する権利を守るためには同時に義務も果たさなければならないと気づく理子の両方を考えさせたい。さらに，将来に裁判員の招集通知が届くかもしれないのであるから，未来の自分にそのときはどうするのか，手紙を書かせることで，自己のあり方を見つめさせたいと考える。

真剣に主人公はどうするのか，個人で考える

未来の自分に向けて手紙を書く

班での話合い

2 指導計画

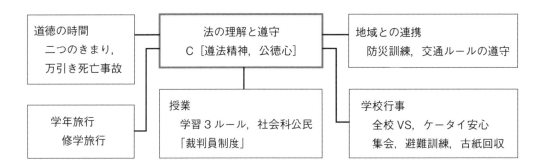

3 評価について

　大人になったとき，国や地域社会と積極的に関わりをもち，よりよい生活を実現していこうとする態度を養いたいと考える。そこで，以下の3点について，話合い活動の様子や個々が書いた文章等を見取っていく。
・国の法や制度を守り，将来，国民としての義務を果たしていこうとしているか。
・自己の利益よりも公共的なことを考えた行動をしようとしているか。
・自己を大事にしたり，最優先させたい気持ちは誰もがもっていることを理解できたか。

4 指導の手立て（手法）について

(1) 主体的な学びにするための工夫

・中学3年生は，卒業後の進路先や将来の職業について希望をもっている。そこで，教材の主人公は，得意科目の英語を生かして貿易会社に勤務しているという設定にし，夢を実現した人物として，興味をもたせようと考えた。
・「18歳で選挙に行くんだ」という知識や実例を知っており，国や地域社会との関わりという点で身近な問題として捉えている。そこで，裁判員制度ではどうなのか，引き受けるのか否かで悩む主人公の胸の内を，「生徒個人だったら，この場合どうするのか」自我関与させて語らせる手法を取る。これによって，自分の言葉で語りやすくなると考えた。

(2) 対話的な学びにするための工夫

・第一段階の工夫
　　自作教材の主人公は裁判員を引き受けるのか辞退するのか。これらについて，根拠をもって自分の考えを書かせる（主人公と自分との対話）。二者択一を設定することで，どちらなのか必死で考える状況をつくることをねらう。

・第二段階の工夫

　どちらの考えなのか，生徒たちが黒板にネームプレートを貼ることで意見の分布を視覚化する。そして，同じ考え，異なる考えの相手を探し，意見交換という対話を行いやすくする。

・第三段階の工夫

　他者との対話で，異なる意見も踏まえながら自分の考えに自信をもった生徒たちは，最も発言しやすい生活班では，かなり突っ込んだ議論をするだろうと考え，班活動を取り入れる。質問，同調，対立，融和などの要素が見られることが予想され，対話が深まることをねらった。

異なる意見，同じ意見の人と意見交換

(3) 深い学びにするための工夫

・裁判員を引き受けるのか，そのためにせっかく就いた職業で精一杯活躍することを多少なりとも犠牲にするのか，主人公の心の葛藤がわかる教材を作成した。それは，自己を尊重するか，法律で課せられた義務を果たすべきか，2つの道徳的価値の対立である。どちらを取るべきなのか，切実な状況である（問題発見の工夫）。

・「主人公は悩んだ後，裁判所にどちらの返事をするのか」を根拠をもって予想させる場面をつくる。生徒自身が主人公の立場を取ることで，自分の中の対立する道徳的価値を述べることにつながると考えた（自我関与の工夫）。

・今は仕事一筋でがんばりたいから裁判員は引き受けたくない，という主人公の本音（人間理解）に共感しつつも，では，将来の自分はどのような行動を取るのだろうか。
　そこで，今の自分から大人になった未来の自分に手紙を書くことで，道徳的価値への理解を深め実行に移ろうとする態度を育てたいと考た（問題解決の工夫）。

5 生徒指導，キャリア教育，特別活動などとの関連

　1学期は新しい学級で集団をつくり上げていく時期である。そこで，社会のルールやマナーを守ったり，みんなのために委員会活動に一生懸命に取り組んだりしようとする気持ちや態度を育てたいと思う。

　そのため，遵法精神・公徳心で扱う道徳授業を1学期に位置づけた。また，この価値項目の授業は，社会科授業や，心身を自らの手で守るためのルールや，生徒として地域や学校に貢献する態度の育成，等にもつながるため，2の指導計画のような各領域に関連づけることができる。

　なお，本時の授業で資料の中に登場する人物は，得意科目を生かした職業について，生きがいを感じて仕事をしており，キャリア教育ともつながるところがあると考える。

6 指導案

- ●対象学年　　　　第3学年
- ●主題　　　　　　法の理解と遵守
- ●内容項目　　　　C［遵法精神，公徳心］
- ●教材（出典）　　「えっ？　私が裁判員？」（自作）
  - 参考資料①「ある裁判員候補者の手記」（出典：『心つないで』教育出版）
  - 参考資料②「招集通知」（出典：『中学生の道徳』廣済堂あかつき）

ねらい　法やきまりの意義を理解し，遵守するとともに，自他の権利を重んじ，自己の利害に関わりなく義務を確実に果たしていこうとする道徳的態度を育てる。

		おもな発問と生徒の反応（○教師　☆生徒）	指導上の留意点
導入 8分		1．授業のねらいや話合いのルールについて理解する ○この絵は何をしているところかな。 （1）全体で意見を交流する。 ☆裁判をしているところ。 ☆裁判官の後ろに人が並んでいる。 ○今日は，その裁判に参加する裁判員に選ばれた人のお話です。 2．教材を読む ○理子さんは裁判員を引き受けようかどうしようか，迷っていますね。 （1）全体で意見を交流する。	・裁判への興味づけとして裁判員が描かれているイラストを提示する。 ・登場人物ごとの主張や気持ちに関わる教材の箇所にマーカーを引かせ，違いをはっきりさせたい。 ・迷っている理子さんがこの後どうするのかを考えさせる。

展開 30分	3．何が問題かを考える（課題発見） ○理子さんは，この後，裁判所にどちらの返事をしたと，あなたは思いますか。 (1) 以下の発問を聞いて各自で考える。 (2) 小集団で話し合う。 (3) 全体で意見を交流する。 ○自分の思いと理由を書いてみよう。 ○どちらにしたのか，黒板にネームプレートを貼ってみよう。 ○自分と同じ考えの人，異なる考えの人と意見交換してみよう。 ○断ったと考えた人たちの理由を聞いてみよう。 ☆なぜ私がこんなに悩むのか。胃が痛くなっている。 ☆ライバルに仕事を取られてしまう。裁判所はそこまで補償してくれないでしょ。 ☆交通費や給料を払うといっても，会社より安いのではないか。 ☆25歳で人生経験も浅いから人を裁くなんて無理。 ☆断っている人もいるのなら，自分も断りたい。 ☆仕事で忙しい。ひまな人にやってほしい。 ☆貿易会社やお客さんにまで迷惑がかかる。 ☆めんどくさいし，やりたくない。 ○引き受けたと考えた人たちの理由を聞いてみよう。 ☆せっかく時代に即した人々の考えを裁判に反映しようとしている制度だから，断ったら，その権利を捨てることになるよね。 ☆みんな，それぞれ都合があるから，自分の都合だけで断れないのではないか。自分にとっての損得で断ったら国全体のことを考えていないことになる。よい裁判にするために，自分も力になりたい。 ☆国民の中から選ばれたのなら，こんなことは二度とはないだろうから，裁判員を務める義務がある。 ☆兄の言うように，裁判所から会社へ事情を説明してくれるはずだから安心して引き受けよう。 ☆難しい法律のことは教えてくれると言うしね。 4．問題について話し合う（課題解決） (1) 小集団で話し合う。 (2) 全体で意見を交流する。 ☆やはり自分を大切にしよう。断ろう。今のままでは引き受けないほうがよい。裁判所が会社に頼んでくれても，世の中はそんなに甘くはない。仕事を失うよ。それでよいのか。 ☆無理な状況であっても，まずは引き受けてみたらどうか。自分にプラスになるかもしれないし，国のためにもなるしね。裁判についていろいろなことが学べるよ。 ☆今現在の自分では断るけれど，将来の自分は引き受けるかもしれない。大人になっているから義務についても考えていると思う。 ☆そうかなぁ。日本国民だから日本をよくすることには協力しないとね。進んで引き受けるべきだよ。裁判所がフォローしてくれるから，会社だって裁判員をやる人が不利にならないようにすると思うよ。保証されているんだよ。やるべきだよ。	・裁判員制度のよさよりも，自己犠牲を嫌だと考え，自分のことを大事に思う気持ちを理解させる。（人間理解） ・兄の言葉や裁判所のあいさつ文から，一般の人々の見方や考え方を裁判に取り入れようとする裁判員制度のよさを理解させる。 ・法やきまりの意義を理解し遵守するとともに，自他の権利を重んじ，自己の利害に関わりなく義務を確実に果たすことの意義や大切さを理解できたか。 そのうえで，友達の意見も参考に，「自分だったらどうするか」を判断しているかを振り返る。

	※課題発見に移動した内容は発見と解決の中間か？ どちらに入れるべきか。移動したままでよいと思う。小集団で議論することで，義務を前向きに果たそうとする生徒が増えてくれたらと願ってこのようにしてある。	
終末 12分	**5．学習を振り返る** ○20歳になれば，誰にでも届く可能性のある裁判員通知が，理子さんのように，働いているあなたに届いたら，あなたならどうしますか。こうするだろうというその理由も含めて，未来の自分に向けて，手紙を書いてみましょう。 （1）各自で考える。 ○数名に発表してもらいましょう。 （2）全体で意見を交流する。 未来の自分へ。「仕事に打ち込んでいる未来の自分へ。どうか，自分のことだけ考えていないで，よい社会をつくっていくために，法や制度を守って進んで協力する（義務を果たす）人になっていてください。だから，きっと裁判員を引き受けていることでしょう。（選挙も権利だから，必ず投票しに行くんだよ。）仕事が忙しくても，社会の一員であることを忘れないでね。」 ○ゲーテはこんな言葉を残しています。 「義務の重荷からわれわれを解放することができるのは，良心的な実行のみである。」と。	・義務を確実に果たすことの大切さを伝えたい。 ・まずは裁判員をやってみようとする前向きな態度が不安もなくすことを伝えたい。

●板書計画

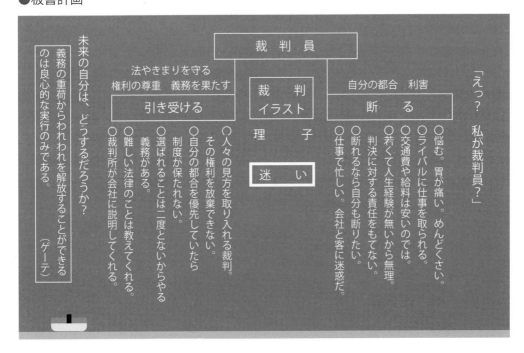

7 実際の授業の様子／生徒の変容

(1) 実際の授業の様子

以下，授業参観者のアンケートより。

- 普段から活発に授業に取り組んでいるクラスだが，道徳となるとさらに多くの生徒が意見をもち発言していた。
- 生徒たちが，生き生きとして取り組んでいた。
- 自分の考えをよく書き，人とよく関わることができていた。
- 自分を守るか，国のために力を貸すのか，……。教材から離れたときに，自分事として考えることができている生徒が多かった。
- 中学3年生って，こんなにもよく話すんだと驚きました。自作の教材が生徒たちの実態によく合っていたんだと思います。
 ねらい→主発問→振り返りが，きちんとつながっていて，それはとても大切なことだと思った。

班での話合い

- 話合いのできるよいクラス，よい授業だと思った。その話合いの力を引き出したのは，教材のよさ，何を考えるのかが明確だったこと，ワークシートへ記入する時間の保障，しっかりとした授業構想があって発問がぶれないこと，補助発問に頼らない中心発問があったと思う。
- 裁判員裁判に参加するかしないかについて立場を分けて生徒同士で関わり合いながら授業を進めており，考える授業になっていたのではないかと感じた。
- 小集団（班）活動で，引き受けない，いや義務は果たそうという激しい対立場面が各班でみられた。

8 教材（自作）

「えっ？　私が裁判員？」

　私の名前は，六中理子(ろくなかりこ)。25歳。バリバリのキャリアウーマン。貿易会社に勤務していて，同年代のライバルは10人もいる。ちょっとでもミスをしたり，仕事が遅かったり，相手の会社との契約に成功しなければ，すぐにライバルたちに蹴落とされてしまう。それに，相手の会社は，日本とは時差のある国が多いため，夜10時くらいまで残業するのはあたりまえになっていた。そんな，厳しい競争社会であっても，私は得意の英語力を生かして働くことのできるこの仕事にやりがいを感じていた。

　ところが，一週間前，突然届いた一通の手紙。私が裁判員候補になったという，裁判所からの知らせだった。「えっ？」「何それ？」

　添えられていた最高裁判所からのあいさつ文にはこう書いてあった。「裁判員制度は，国民の皆様に裁判員として刑事裁判に参加していただき，裁判に対する皆様の理解と信頼の向上を図るために，国が定めた制度です。国民の皆様のいろいろな見方を裁判に反映することを目的としており，専門家でなくてもわかりやすい裁判になっています。裁判員制度へのご協力をお願いします。」と。

　そして，もう一枚。「あなたの担当する刑事裁判は，強盗殺人事件です。」と。

　順調に仕事に打ち込んできた私。この通知を読んで頭の中が真っ白に。何で私なのよ，この忙しいときに。裁判に参加している間にライバルに仕事を奪われ，会社内での立場は薄れて，給料はどうなるのよ。いやだよ，裁判員なんて。何回も裁判のたびに裁判所に行くんでしょ。あぁ，めんどくさいよ。しかも，殺人事件だよ。私が人を死刑にすることに関わるの？　そんな資格ないよ。無理だよ，そんなこと。あぁ，気が重い。断っちゃおうか。この一週間ずっと裁判員制度が気になって，胃まで痛くなってしまった私。

　悩んだ末，友達の真理(まり)に相談した。真理はすぐにネットで調べて，「特別な理由があれば断れるんだよ。今の理子の状況では無理でしょ。仕事を失うかもしれないし。断っちゃいなよ。」と言ってくれた。気持ちをわかってくれる人がいて，やはりもつべきものは友達。

　ついでに，市役所に勤めている兄にも相談してみた。そしたら，「国の制度だよ。日本国民ならば，国の法律や制度に従うのは義務だよ。裁判員をやるとなると，会社を休んだときの給料や裁判所へ行くときの交通費は払ってもらえるし，会社にも裁判所がお願いしてくれるよ。法律のこととかも教えてくれるしね。僕は自分の損得とか利害とかは別にして，しっかりと引き受けるべきだと思うよ。時代にあったよい裁判にしたいとは思わないの？」と言われてしまった。

　あぁ，私はどうすればいいのよ。裁判所に，どういう理由をつけて，どちらの返事をすればいいのよ。

道徳 ／ 第4回　資料「えっ？　私が裁判員？」
( )年( )組( )番　　氏名(　　　　　　)

1　理子さんは、この後、裁判所にどちらの返事をしたと思いますか。

裁判員を断る　　裁判員を引き受ける　　← 自分が思った方に赤丸を
そう思った理由

2　自分とは異なる思いを聞いて、どう思いましたか。

3

●ワークシートの回答のまとめ
(1) 変容ではないが，班の中で激しく対立していたAさんBさんの意見
1　理子さんは，この後，裁判所にどちらの返事をしたと思いますか。
・Aさん（「裁判員を断る」派）
　　兄が「会社やお金の心配はいらない」とはいったが，会社はそんなに甘いものじゃなくて，どんな理由があっても休んだらマイナスになってしまうし，ましてやライバルがいたら，クビになってしまうかもしれない。それを理子さんは一番自分が理解していると思うから断るのではないかと思う。
・Bさん（「裁判員を引き受ける」派）
　　自分には日本人として法律に従うのは義務であるし，なにより，強盗殺人事件という人としてやってはいけないことに対して，自分が関わり，他から見たときの私情をはさまず正しい判断をする，つまり日本のよしあしを決める大事なことに関われる。これは，自分にはよい経験になると思うから。そして，自分の仕事でも日本のよさを伝えられることにつながると思うから。

(2) 国の制度だから逆らえないから仕方なく引き受けるCさんは，どちらにも丸がついていなかったが，進んで引き受けるほうに変容
1　理子さんは，この後，裁判所にどちらの返事をしたと思いますか。
　　やっぱり国の制度には，どんな理由があっても，逆らえないと思うから。
　　　　　　　　↓
3　未来の自分はどうしますか。－手紙を書いてください－
　　もし，裁判所から，裁判員候補になったと，手紙が届いたら，快く引き受けたほうがよいと思います。もし，仕事が忙しくて，めんどくさくて，できれば行きたくないと思っていても，日本の国民の義務だし，裁判員になれるかもしれないチャンスは，もうまわってこないかもしれないからです。少し，無理にでも参加しておけば，将来，何か仕事の役に立つかもしれないし，日本の裁判の仕組みなどについて知るとてもよい機会だと思うので，私は，引き受けたほうがよいと思います。

(3) 裁判員を断るから，揺れ動きながら，大人になったら義務を果たすかもしれない方向へ変化したDさん
1　理子さんは，この後，裁判所にどちらの返事をしたと思いますか。
　　いくら法や制度で，金銭的に困らなくても，できれば関わりたくはない。自分はそんなご大層な仕事は引き受けられないし，そんな器じゃない。何だか荷が重いから，今の仕事に集中していたほうがずっといいと思った。
　　　　　　　　↓
3　未来の自分はどうするのか
　　今の自分は，こんな重い仕事は，できるような器じゃなくて，よそでやってくれ，と思って断ると思う。でも大人になったら何か変わるのか。今はそのような義務は関係なくても，次第に関わるようになってくる。

第3章

指導案

❶ 認め合い学び合う心　（1年,「言葉の向こうに」）

❷ 遵法の精神, 公徳心　（1年,「無人スタンド」）

❸ 公徳心と社会連帯　（2年,「あなたは悪くないんです」）

❹ 男女の協力　（2年,「たまたま女にうまれただけ」）

❺ 家族愛　（1年,「一冊のノート」）

❻ 自他の理解と協力　（特別支援学級,「ONE FOR ALL」）

❶ 1年　教材「言葉の向こうに」

認め合い学び合う心

❶ 主題設定の理由

　私たちは，自分の意見や考え方が相手に受け入れられないときに，相手の助言や忠告が耳に入りにくいことがある。そのようなときに大切なことは，互いの立場を尊重し，相手の考えに耳を傾けることであろう。そこで本時では，人にはそれぞれの見方や考え方があり，互いの立場を尊重し，謙虚に学ぼうとする態度を育てることをねらいとした。

　「言葉の向こうに」は，インターネット上のコミュニティをめぐる道徳性を扱う教材である。中学生の私（加奈子）にはお気に入りのサッカー選手（A選手）がいるが，彼女の周囲にはその話題で話せる友達がおらず，ネット上のファンサイトで，顔も知らない誰かとの会話にのめり込んでいた。ある日，加奈子は，いつも覗いているA選手のファンサイトで，A選手のプレーを厳しく非難する書き込みを目にした。加奈子は義憤にかられ，A選手を批判する書き込みに反論していった。しだいにA選手への批判が存在するコミュニティ自体に嫌気がさしていくのだが，ある書き込みをきっかけに，「一番大事なこと」を忘れていたという考えに向いていく。

　本教材からは，ネット世界での他者との関係の築き方や互いの違いを認めること，謙虚に学ぶことの大切さなど学ぶ点が多くある。主人公がインターネット上でのやりとりを通して他者との関係を，今後どう築いていくのかの大切さを学ぶことで，相手との違いを認め，謙虚に学ぶ姿勢を育てたいと思う。

　授業を実施した学級は，クラス全体のことを考えて行動や発言ができる生徒がいる一方，学習活動などの交流の場において自分を最優先にする生徒もいる。またネット環境は，100％が「インターネットに接続可能」と答え，58％が「自分専用の端末を持っている」と答えた（平成29年6月）。教師が考える以上にネット世界は生徒たちのすぐ傍らにあり，不完全な知識や相手の状態を考慮する思いやりが不足しがちな状態で使用している実態であった。文字や音声での交流が中心になる世界であるからこそ，互いを思いやる意識を高める機会としたいと改めて強く思う。

　また生徒自身が自身の考えを広くすることは，物事を見る視野が広くなることであり，相手との違いを認め，謙虚に学ぼうとする姿勢の大切さに気づけるようにしたい。

❷ 指導計画

　生徒指導や総合的な学習の時間，特別活動などとの有機的な関連を図ることや，家庭・地域と連携したさまざまな取組みにつなげることで，道徳授業での学習が一層深まることが期待される。

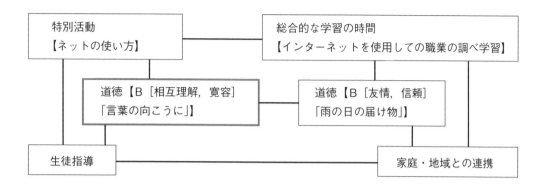

❸ 評価について

　生徒は自分自身との対話を大切にすることで，「自分の実態とめざしたい姿」がより明確になる。さらに，授業中に発言し，それをつなげることやノートへの記述（考えの記述や授業の振り返りなど）から，生徒と教師が共に道徳的価値に迫れるような成長やよい点を確認し合えるのではないかと考える。授業での生徒たちの活動の様子を「評価」につなげられるような実践に努めていきたい。
　本時では，以下のような観点から評価を行う。
- 人にはいろいろなものの見方や考え方があることを理解できたか。
- 互いの立場を尊重し，違いを認め合おうとすることの大切さに気づくことができたか。

❹ 指導の手立て（手法）について

　「考え，議論する道徳」のための指導の工夫として次の工夫が必要ではないかと考える。
　1つめは，自分の理解をより深く広い視点で捉えるために，自分はどう考えるかという主体的な態度で臨める工夫をすることである。異なる考えをもつ者との対話を通して，より深い学びの実現がなされるのではないかと考える。
　2つめは，対話的な学びのための工夫である。生徒の思考の流れを活性化するために，思考ツールや資料提示，情報機器などを用いての視覚援助，対話を通した考え方の多面的・多角的な広がりのための手立てを打つことが有効であろう。

3つめは，道徳的価値を見いだすための工夫である。現在どのような学びが必要で，価値に近づいていったかを成長の軌跡として見取る。また，教材内容を「自分事」として主観的に捉え，さまざまな学びをどう蓄積できたか，の観点での見取りも大切だと考える。

5 指導にあたって

「考え，議論する道徳」への転換には，「主体的・対話的で深い学び」の視点が不可欠であり，日々の出来事と道徳教育が共鳴し合い相互に補い合うことが，実践の充実となると考えた。担当教科の学習でも，自分自身の立場を明らかにしたうえで意見や考え方について相手と深く語り合い，学び合う場面設定や問題解決的な学習を意識して計画，実践している。このことは，生徒の成功体験や失敗体験もすべて，受容と共感の姿勢で教師が受け止めることとなり，生徒のよりよく生きようという意欲につなげられるのではないかと考える。

6 指導案

- ●対象学年　　　第1学年
- ●主題　　　　　認め合い学び合う心
- ●内容項目　　　B［相互理解，寛容］
- ●教材　　　　　「言葉の向こうに」（出典：文部科学省『私たちの道徳　中学校』）

ねらい　人にはいろいろなものの見方や考え方があることを理解し，お互いの立場を尊重し，違いを認め謙虚に学ぼうとする態度を育てる。

	おもな発問と生徒の反応（○教師　☆生徒）	指導上の留意点
導入	1．自分のインターネット環境について考える ○メールやLINEアプリを利用しているか。（事前アンケート結果発表） ☆携帯電話って，使うの簡単だし便利だよね。 ☆あるのがあたりまえすぎて，何でも携帯電話で済ませる。	・生徒に身近なアプリの話題で教材への関心を高める。
展開	2．教材「言葉の向こうに」を読む 3．資料の出来事の何が問題なのかを考える （1）問題が「中傷のし合いになってしまったこと」の原因にあることを押さえる。 ○中傷のし合いになってしまったのは，何が問題だったのだろう。	・加奈子が言葉をエスカレートさせていった原因や背景を考えさせながら，コミュニケーションで大切にしなければならないことを探らせる。

	4．問題について話し合う （1）加奈子とA選手のファン仲間とが味わっている「同じ感動」について考える。 ○学校では友達とA選手について盛り上がらない加奈子は，サイトの中でファン仲間とどんな気持ちでやりとりしていたのだろう。 ☆遠くの誰かが私と同じ感動を味わっている，うれしい！ ☆どんな書き込みがあるのかな？ （2）食事の後，サイトを見た加奈子の気持ちを考える。 ○「中傷する人たちと同じレベルで争わないで」というファン仲間からの書き込みを見て，加奈子はどう感じただろう。 ☆どうして私が非難されるのかわからない。 ☆優勝を喜び合った仲間なのに，なんで？ ☆もうサイト見たくない，これで最後。 （3）加奈子が忘れていた「一番大事なこと」とは何かについて考える。 ○加奈子が発見した「すごいこと」とは何だろう。 ☆ひとりよがりではいけないこと。 ☆ネットでも面談でも，会話していることは同じこと。 ☆ネットでは，字面だけでなく画面の向こうにいる人を思い浮かべることが，コミュニケーションをするうえで大切だということ。 ☆相手の立場に立ってみることで，言葉に込められた相手の考えや気持ちが理解できること。	・A選手に対する書き込みを見て，顔も知らない相手と同じ感動を味わっている加奈子の気持ちを想像させる。 ・A選手に対する書き込みが，人により賞賛や悪口とさまざまあるのを見た加奈子の気持ちの変化を考えさせる。 ・仲間だと感じていた人たちから，A選手を中傷する人たちと同じだと言われた加奈子の気持ちを考えさせる。 ・グループでの話合いを全体へ発表させる。 ・人それぞれに異なる考えや見方があり，互いがそれを認め合うことの大切さを考えさせる。
終末	5．学習を振り返る （1）『私たちの道徳』（文部科学省）のP.72を読んで，授業から学んだことを道徳ノートにまとめる。	・何人かを指名して，道徳ノートにまとめたことを発表させる。

7 実際の授業の様子

(1) 板書

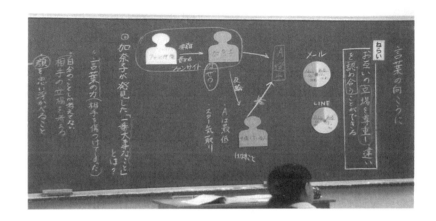

(2) 授業記録の一部（中心発問）　○：教師，☆：生徒
○：加奈子さんが発見した「一番大事なこと」とは何だろうね？
☆1：自分のことしか考えてない自分に気づいたんじゃないかな。
☆2：ということは，自己中心的だったということに気づいた。
☆3：自己中心的だったこともそうだけど，「大事なこと」が何かってことだよ。パソコンの画面の向こうに人がいるってことに気づいたんだと思う。
☆4：☆3さんが言いたいのは，相手がいるっていうことは初めからわかっているんだけど，その人にもその人なりの考えがあるということに気づいたってことでしょう？
☆3：そうそう。
○：自分だけの考えだけにとらわれていては，コミュニケーションは図れないということ？
☆2：自己中心的ではいけなくて，相手のことを考えることが大切っていうことだと思う。
☆5：言葉だけにとらわれてしまって，その人が何を思っているかまで考えようとしないとトラブルになると思う。特にネットでは。
○：自分の毎日の生活でもこういうことたくさんあるよね？
☆1：あるある，部活動のときとか。一人よがりではいけない。互いを理解し合うことが大切だって，部活動やっていてだんだんわかってきたよ。

(3) 授業の感想
- 私は，「言葉の向こうに」を学習して，自分の勘違いに気づきました。今までは，携帯で友達とやりとりをするときも，学校で話しているときと同じようにこちらの気持ちをわかってくれて返事をくれているものと思っていました。だから気になる言葉が返ってくるとイライラしました。けれど，友達が私の言葉を勘違いしてしま

うと，私の思うようにならないのはあたりまえだと思ったし，これからは送る言葉やそれを受け取る友達の気持ちにも気をつけながらやりとりをしようと思います。
- うわべだけのコミュニケーションでは，相手と気持ちを通じ合わせることにはならないと思いました。実際，自分の周りでも誤解からトラブルになることが多くあります。少し相手の気持ちに寄り添ったら，結果は全然違うだろうなと思いました。
- 私は人と会話するのが苦手です。だからネットはすごく便利だと思っていましたが，それだけではお互いに理解し合うことは難しいことがわかりました。
- 面と向かって直接自分の考えを言ったり聞いたりするのはまだできそうにないけど，今日の授業からそれが大切であることはよくわかりました。
- 違う意見の人も，相手からすると自分の意見も違う意見なのだから，それに腹を立てたり，相手を避けようとしたりするのではなく，互いになぜ違うのかを考えながら意見交換をすることが必要だと思います。

（4）学習を終えての生徒の変容

　授業後には，教科の学習においても，「○○さんはどう思う？」という，自分自身の思いだけでなく，相手への気配りや考え方を取り入れようと声をかけ合う姿がみられるようになった。ねらいとしていた「人にはいろいろなものの見方や考え方があることを理解し，互いの立場を尊重し，違いを認め謙虚に学ぼうとする態度を育てる」ことが，実際の生活の中で少しずつ芽吹いているように感じられた。日々の生活の中で，相手との違いを少しずつ認められるようになり，相手の考えに学ぼうとする姿勢がみられ始めたことで，友人関係にも広がりができてきている。

　学びを重ねながら，人間関係において重要な「相互理解，寛容」という道徳的価値を身につけていく第一歩を踏み出した彼らに，ときにこの学びについて振り返り，自分を省みつつも，ますます成長していくであろう姿を期待している。

❷ 1年　教材「無人スタンド」

遵法の精神，公徳心

1 主題設定の理由

(1) 価値観

　社会生活を営むうえで法やきまりを守ることは，最低限必要なことである。しかし，社会生活をさらによりよいものにしていくためには，社会のルールやマナーを大切にして自他への配慮と思いやりをもち，周りの人々と声をかけ合って，共に明るく住みやすい世の中にしていこうとする気持ちが大切である。

(2) 生徒観

　家庭はもとより，公の場においても，時として自己中心的な言動をとってしまう中学生が少なくない。しかし，その一方で，環境や社会的弱者に目を向け，よりよい社会の実現を求める気持ちが高まっているのも事実である。

　中学生のこの時期，社会の仕組みもある程度理解できるようになり，人間の生き方について自覚をもち始めるようになる。そこで法やきまりを守ることだけでよしとせず，公徳心をもって社会のルールやマナーを重んじ，周りにも声をかけ合って，共に社会をよりよくしようとする気持ちを高めることが大切である。

(3) 教材観

　「無人スタンド」は，野菜の無人販売をめぐる道徳性を扱う教材である。わたし（中学生頃の娘をもつ男性）は，ある日，近所で農業を営む千葉さんの無人スタンド（野菜販売所）で，少年が野菜の束を三把取り，その代金として百円玉一枚を投じたのを目撃した。ところが，そのスタンドは「どの束も一把あたり百円」で販売していた。そこで，わたしにはさまざまな思いが去来する。「少年は百円でいくつ持っていってもいいと思っていたのではないか」「親からおつかいを頼まれ，浮いた額（差額の二百円）を自分のものにしようとしたのではないか」。結局わたしは，その場で少年に声をかけることができなかったことから，何か後味の悪さを抱えることになった。

　教材の「無人スタンド」は，人々に公徳心があることを前提として設置されているものである。そのため，百円しか払わなかった少年に生徒の関心が向くと思われる。しかし，ここでは少年の行動を見て見ぬふりをした「わたし」の公徳心のあり方を問題にしたい。「わたし」が葛藤する姿を通して，自分に直接関わりのないことでも，自分の立場，利害得失に固執せずに，社会をよりよくしていこうとする気持ちを高めさせることができる。

2 評価について

本時では，以下のような観点から評価を行う。
- 社会の一員としてみんなが気持ちよく生活するための道徳的判断ができているか。（話合い，ワークシート）

3 指導の手立て（手法）について

- 本時は，問題解決型の学習過程を取り入れることで，生徒自身が自らの課題として取り組めるよう考えた。また，ワークシートも問題解決型の学習に即したものを作成した。

4 指導案

- ●対象学年　　第1学年
- ●主　　題　　遵法の精神，公徳心
- ●内容項目　　C［遵法精神，公徳心］
- ●教　　材　　「無人スタンド」（出典：『明るい人生　2年』愛知県教育振興会，『中学校道徳教育推進資料　第4集』文部省）

ねらい　無人スタンドのきまりを破った少年に対して，社会の一員としてみんなが気持ちよく生活するためにどのような行動をとるとよいかを考え，公徳心をもった行動を判断する力を養う。

段階	おもな発問と生徒の反応（○教師　☆生徒）	指導上の留意点
方向づけ　6分	1．本時の学習課題をつかむ （1）事前アンケートの結果を見て，感じたことを発表する。 （2）本時の学習課題をつかむ。	・「友達がきまりを破ってしまった場面を見てしまったことはありますか。その場合，どうしましたか。」という事前アンケート結果を電子黒板で提示する。 ・無人スタンドの写真を見せて，無人スタンドについて簡単に説明する。

問題の把握・解決 21分	2．道徳的問題を探し，解決案を考える。 (1) 教材の範読を聞き，問題把握をする。 ○「わたし」は，なぜ後味の悪いものを感じていたのでしょうか。 ☆少年が百円で三把持って行ったのに気づきながらも，声をかけることができなかったから。 (2) 解決案を考える。 ○「わたし」は次に少年に会ったとき，どうしたらよいと思いますか。 ☆〈注意する〉 ・一人が許されてしまうとほかにも同じことをする人が出てしまう。 ☆〈無人スタンドのきまりを教える〉 ・もしも少年が気づいていないなら，教えてあげたほうが少年のため。 ☆〈千葉さんに相談する〉 ・管理者には伝えたほうがよいから。 ☆〈看板を立てて注意を喚起する〉 ・注意する勇気はないが，看板によって不正がなくなるとよいから。	・わたしが少年を目撃して自宅に向かうまでのくだり（教材『明るい人生　2年』のP.42のL12まで）を範読し，問題把握をさせる。 ・「後味の悪い」という言葉の意味を押さえ，その言葉を言い換えると，どんな言葉があるかを考えさせる。 ・「『わたし』も少年も千葉さんも近所の人も笑顔で生活するためにはどうすればよいか」を起点に納得できる解決案を話し合わせる。 ・個人→班→全体の流れで話し合わせる。 ・生徒から出てきた意見を視覚的にわかりやすく分類したり，色づけをしたりする。 ・アンケート結果から，実際に注意することはとても勇気がいるということに共感させながらも，注意をしない場合に起こりうるデメリットを考えさせる。 ・ねらいに合っていない考えも取り上げる。 ・「注意する」解決案を吟味するときに，どのように言うのがよいか，役割演技で比較検討をさせる。
解決案の吟味 18分	3．出てきた解決案について，学級全体で話し合い，比較検討する ○少年に事実を確認し，認めたら注意をする。（注意の仕方に気をつける。）	・（評価）社会の一員としてみんなが気持ちよく生活するための道徳的判断ができている。（話合い，ワークシート） ・導入部の事前アンケートと比較して，考えさせる。
まとめ 5分	4．授業を振り返り，感想を書く (1) 本時の授業を踏まえて，人がきまりを破った場面に遭遇したとき，自分ならどうするかを考える。 (2) 感想を書く。	・特に自分の考えが変わったこと，深まったことについて書くよう伝える。

❸ 2年　教材「あなたは悪くないんです」

公徳心と社会連帯

1　主題設定の理由

(1) 価値観
　「公徳心」とは，社会生活をよくするために守るべき道徳をもった心のことである。「社会連帯」とは，一人一人が助け合い励まし合いながら，共に手を携えていくことである。社会の秩序は，守るべき最低限の事柄を示した法を守るだけでなく，自らの良心に従って，一人一人が積極的に規律やきまりを守ることによって，維持され高められていく。「公徳心」の大切さに気づくことにより，一人一人が安心して生活できる明るい社会を築くことができ，「社会連帯」の精神も育まれ，社会の一員として自らに課せられた義務を確実に守ろうとする意欲や節度をもつことが大切である。

(2) 生徒観
　中学生の時期は，社会に生きる人間としてのあり方についての自覚も深まり，きまりの必要性を認められるようになる。その反面，法やきまりに従えばそれでよいと考えたり，きまりを正直に守ることをばかばかしく思ったり，自己の欲望や快感を満たすために，簡単にきまりを破ったり，何もしようとせずサボったりすることがある。そこで，個人の自由と社会生活の関係を考える中で，きまりを守ることや積極的に行動することの大切さを十分認識させたい。

(3) 教材観
　社会に目を向けると，豊洲新市場問題やオリンピックの経費問題など公徳心に欠ける問題が多く起きている。自分たちの生活の場面でも同じようなことがよくある。学校生活でも廊下への座り込み，机の上に座ることなど公徳心が欠ける行動が多く見られ，互いに注意し合おうという気持ちもみられない。
　「あなたは悪くないんです」は，電車内の優先席をめぐる道徳性を扱う教材である。主人公（高齢者）には気がかりな思い出がある。主人公はその日，電車の優先席が若いOLたちに占拠されており，座れなかった。その様子をみかねた男性は，主人公に席を譲るよう口頭で促すが，OLたちは意に介さず，男性に対して挑発的な態度を示した。男性はすっかり腹を立て，OLたちに手を上げ，そのまま暴力の廉で警察に逮捕された。主人公は，翌日の新聞で，男性が聞く耳をもたない暴力的な人物として厳しく報じられるのを目にし，やるせない思いを抱く。
　この教材では，電車の中での一場面を捉えている。男性がOLを注意したにもか

かわらず，OLは無視をし，男性が暴力をふるってしまった。この教材より，公徳心や社会連帯について考えさせていきたい。特に男性の立場ではなく，OLの立場をクローズアップし，注意されなければ「何もしない」ということがあたりまえではないということを意識させていく。

2 評価について

本時では，以下のような観点から評価を行う。
- 役割演技を通して，他人の気持ちを考えながら，どのように行動すべきかを考えることができるか。　　　　　　　　　　　　　　　　（発表，観察，ワークシート）
- 普段の生活から自分の行動を振り返り，問題意識をもちながら解決方法を探ることができるか。　　　　　　　　　　　　　　　　　　　　（観察，ワークシート）

3 指導の手立て（手法）について

- 多面的・多角的に教材の問題点を考えさせ，一つのことだけではなくいろいろな考え方があることにふれさせる。
- 教材から自分の問題と照らし合わせることで，普段の生活の中での問題解決方法を考えられるように指導していく。

4 指導案

- ●対象学年　　　　第2学年
- ●主　　題　　　　公徳心と社会連帯
- ●内容項目　　　　C［遵法精神，公徳心］
- ●教　　材　　　　「あなたは悪くないんです」（出典：『中学校道徳　自作資料集』明治図書）

ねらい
- 学校生活をよりよくしていくための方法を考え，進んで行動することができる。
- 教材の問題から普段の生活に関連させて考えることができる。
- 自分のことだけでなく，周りの人のことを考えて行動する気持ちを高める。

段階	おもな発問と生徒の反応（○教師　☆生徒）	指導上の留意点
方向づけ　5分	1．事前アンケートと写真から本時の教材の状況を意識させ，何が問題なのかを考える	・時間をかけすぎず，今日の学習への興味を引き出しながら場面を連想させる。 ・アンケート結果などから問題意識をもたせる。

価値の追求・把握 25分	2．教材を読み，何が問題なのかを考える ○この教材で，何が問題だったかを考えてみよう。 ☆ＯＬが無視することに問題がある。 ☆男性が殴ってしまったことは問題。 ☆周りで何も言わない人たちにも問題はある。 ☆私が，自分で注意していればよかったと思う。 3．問題を解決するために男性はＯＬにどのように声をかければよかったのか，グループで役割演技をして考える ○みんなが笑顔になるためには，どのように声をかければよかったのか考えてみよう。 ☆優しく，「おばあさんが立っているから譲ってもらえないかなぁ」とお願いする。 ☆周りの人も巻き込んで注意する。 ☆車掌さんにお願いして注意してもらう。	・画像を用いながら，ＯＬの行動に焦点が集まるように内容を振り返らせる。 ・誰のどのような行動が問題なのかを考えさせ，ワークシートに記入し，発表させる。 ・(補助発問)自分ならばどうするか。 ・ＯＬの行動に焦点を当て，男性からの声かけで行動を変化させることができたのではないかということを考えさせる。 ・話合い活動を活発に行うために，少人数のグループで各自の考えを役割演技させ，考えを深めさせる。 ・(補助発問)どうしたらＯＬもおばあさんも男性も嫌な思いをもたずに，気持ちよく過ごせるかを考えてみよう。 ・(評価)自分だけのことではなく他の人の気持ちを考えることができる。(発表・ワークシート)
価値の自覚 15分	4．普段の生活におきかえて，考える ○図書室で騒いでいる生徒に対して，どのように声かけをしたらいいのだろう。 ☆静かにしてほしい人もいるので静かにしてと注意する。 ☆先生に言う。 ☆何も言わない。	・普段の生活の中での行動を振り返らせることで，問題意識をもたせる。 ・(評価)自分自身の生活を振り返って問題意識をもつことができる。(発表・ワークシート)
まとめ 5分	5．今後，どうしていくべきかを考えながら感想を書く	・自分の問題点を考えさせながらワークシートに記入させる。

❹ 2年　教材「たまたま女にうまれただけ」

男女の協力

１ 主題設定の理由

（1）価値観

　中学生になると異性に対する関心が次第に高くなる。これは発達段階からみて，きわめて自然なことである。問題は，異性に対する理解が不十分であるため，いたずらに反発し合ったり傷つけ合ったりする場合があることである。家庭環境が違うことにより，男女平等の原則が確立されていなかったり，先入観や偏見があったりすることも事実である。性の違いが，人格の上下，能力の優劣，役割の固定化などに結びつくことのない社会を築くことが大切である。

（2）生徒観

　本学級は，明るく活発で誰にでも気軽に話すことができる生徒が多い。しかし，2年生になって思春期に入り，異性に対する関心が強くなり，その関心が問題行動となって現れることもある。意識的に異性を避けたり，また逆に異性の関心を誘うような態度をとったりすることもある。しかし，異性に対する関心の高まりは，自然な成長の流れである。そのことを踏まえつつ，互いの特性を理解し，尊重し，協力し合うことで望ましい関係を築かせたい。

（3）教材観

　本教材は，里中満智子氏の『タマタマ女』というエッセイの一部である。小学生の筆者は「男にはかなわない」と言う母の言葉に疑問を抱く。中学生となり，その疑問を再度考える出来事が起こる。それは，けんかで相手に手をあげたことを非難され，泣いてしまった男子。同じように泣いても，女は同情され，男は「男のくせに」と言われる。このことから筆者は「たまたま」について真剣に考え始める。本教材は中学生の目線で書かれており，男女のあり方を考えるきっかけとなるであろう。

２ 評価について

　本時では，以下のような観点から評価を行う。
- 差別や偏見のない社会をつくるためには，誰もがそのような社会をつくろうと考え，相手を尊重して行動することが大切であるということに気づくことができる。

（発表，ワークシート点検）

3 指導の手立て（手法）について

(1) 主体的な学びにするための工夫
- 教師主導の授業展開にせず、教師も「一緒に悩んで考える」という立ち位置で授業をする。ただし授業者として、授業の落としどころをしっかりもっておくことは大切。そのうえで広がりのある「受け」をしていくようにする。最終的には「納得する最善策」を求めて問題を考えるというスタンスでいく。
- 男女の差は、生徒たちは日常的に感じているし、社会的にも問題になっており、主体的に考えることができる。
- 主体的な学びにするためには、教室の風土、安心安全な学級がベース。学級づくりを指導の手立ての一つとする。

(2) 対話的な学びにするための工夫
- 生徒同士が意見を出し合い、認め合う雰囲気をつくり出すため、座席をコの字の隊形にし、一人一人の言葉を受け取りやすいようにする。
- 4人グループで話し合わせる。今回は男女の問題なので、男女混合のグループをつくることで、多様な価値に出合わせることができる。
- この教材はエッセイであるため、読むだけでも感じるものがある。テキストとの対話、という視点でも授業を組み立ててみると、有効な手立ての一つになる。

(3) 深い学びにするための工夫
- 主人公の気持ちの変化を深く考えたり、生徒同士の意見を共感、批判したりすることで、「多面的・多角的に物事を見つめる力」や「人間としての生き方を考える力」を養うことをねらう。そのために、事前に準備した補助発問を用いて、授業者が大胆なゆさぶりをかけるようにする。
- 価値の自覚では、本時の話合いを振り返らせ、「自己を見つめる力」を養わせる。生徒に「今日は何が学べた？」と問うことで、自分との対話をさせる。

4 指導案

- ●対象学年　　　第2学年
- ●主　　題　　　相手を理解すること
- ●内容項目　　　B[相互理解，寛容]
- ●教　　材　　　「たまたま女に生まれただけ」（出典：『明るい人生　2年』愛知県教育振興会）

ねらい　男らしさや女らしさといった明確な根拠のない先入観で異性を見ていた自分に気づくとともに、互いを尊重し、よりよく接していこうという意欲を高める。

	おもな発問と生徒の反応（○教師　☆生徒）	指導上の留意点
導入	1．「たまたま○○に生まれただけ」の○○に入る言葉を考える ○この空欄に入る言葉を考えましょう。 ☆たまたま人間に生まれただけ。 ☆たまたま犬に生まれただけ。 ☆たまたま日本に生まれただけ。 2．教材を読む	・自由に想起させ，教材への方向づけとする。 ・範読をし，あらすじを確認する。
展開	3．何が問題かを考える（課題発見） ○作者は，何のために，この文章を発表したのだろう。 ☆〈男女差別〉 ・男だから女だからで片づけられることが問題だとみんなに気づいてほしいから。 ☆〈社会問題〉 ・政治家や管理職には男性が多い。みんながそれをあたりまえだと思っているから。 ☆〈その他〉 ・性別で差別するのではなく，同じ人間として認め合っていきたいから。 ○どうしたら差別や人間関係などの問題がなくなるのだろう。 ☆男だから女だからで決めつけずに，人間として平等に物事を考えるべき。 ☆男女の違いは仕方ないから，それをきちんと理解することで解決される。 ☆「たまたま」生まれた境遇が違うだけだから，あまり気にしないでよい。 ☆誰と接するときも思いやりの気持ちを大切にすることが必要。 ☆みんなの意識を変えないと意味がない。 ☆昔からずっと続いている問題なので，時間をかけないとうまくいかない。 ☆平等とは何か，思いやりとは何かを大人も子どもも一緒になって考える必要があると思う。 【用意した補助発問】 ○自分が異なる性で差別されたら，どうだろうか。 ○あなただったら，どう考えるか。 ○性別や立場の違いなどを，「区別」することはよいのだろうか。 ○人と接するときは，思いやりの気持ち以外に必要ないのだろうか。 ○性差はなくしたほうがよいのだろうか。	・本教材は里中氏のエッセイだと伝え，作者は何が言いたかったのかを考えさせる。 ・出てきた意見を男女差別や社会問題など，内容を分けて板書する。 ・問題点や疑問点を押さえ，中心発問につなげる。 ・生徒から出た意見に対して，さまざまな視点から切り返しの発問をすることで，教師も一緒になって問題を解決していく姿勢を示す。 ・先入観や偏見を捨て，互いの特性を理解することの大切さについて考えることで，認め合い尊重していける関係につながっていることに気づかせる。 ・男女間の社会的偏見（ジェンダー問題）をしっかり話し合ったうえで，社会的問題に移行する。

展開	4．問題について話し合う（課題解決） ○本当に相手のことを理解するためには，何が大切なのだろう。 ☆相手を思いやることが一番大切。 ☆相手を尊敬することが大事。 ☆相手の喜びや苦しみを知る。 ☆あいさつなどの礼儀が大切。 ☆相手が何を考えているか考えること。 ☆笑顔で安心感を与えること。	・ここまで男女の性差に関する問題を考えてきたので，それを念頭においたうえで，道徳的価値観を掘り下げるようにする（男女という視点を常に問い返しながら舵取りをする）。
終末	5．学習を振り返る（教師の話を聞く） ○今日の授業で私が学んだことは…… ○みなさんと考え議論したことから……	・この教材を手がかりにして考え議論した学習から得られた教訓を入れた話をする。

●板書計画

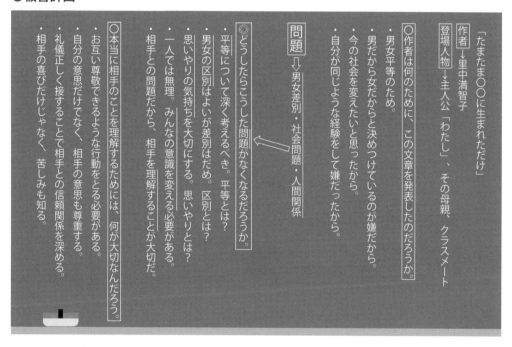

5 実際の授業の様子／生徒の変容

（1）授業で授業者が気をつけたこと

　今，文部科学省が言っていることは，「主体的・対話的な深い学び」。これをめざしている。これは自分から，積極的に進んで議論する，ということ。多くの授業は，どうしても教師主導になりがちだから，これらのことを意識して授業を行った。

　授業者は，「教師がしゃべりすぎない」「生徒の意見で授業を組み立てる」の2点を，特に意識した。意識したがこれらの舵取りは容易ではない。結果，一部のよく発言する生徒だけで授業が進んでしまった。教師が出るべきところで出たり，収束すべきところでまとめることができないと，一部の生徒はよく発言をしたが，深まりのない授

業となってしまう。この点は，問題解決的な道徳の授業を実践するうえでは，誰もが肝に銘じておかなければならないポイントであろう。

　ただ，救いは，先生と生徒の関係が素晴らしかったこと。みんなで何かをつくり上げようというクラスの雰囲気があり，発言しない生徒も授業に協力しようという気持ちであることが参観者にも伝わった。道徳は，学級経営がベース。授業実践を積み重ねたい。

(2)「対話的」について
　教師と生徒が一対一で話し合っていた場面が多かった。生徒同士の学び合いがあってもよかった。生徒は，常に，教師の反応を意識し，教師の様子を見ていた。授業の途中で「近くの人と意見交換をしましょう」と投げかけて，数分間，生徒にわいわいと話し合わせ，任せてしまうのもよかったかもしれない。

　テキストとの対話…「ここ，面白かった」という話合いはなかった。教材を読んだあと「どうだった？　感想をどうぞ」と投げかけ，生徒同士で「ああだ，こうだ」と言い合う時間があるとよい。こういう時間を取ることで，自分の見方・考え方が少し変わる。これが道徳では大切である。

(3) 問題解決的な手法について
　深い学びにするためには，問題を発見することと，問題を解決することが有効とされる。今回は，男女の問題。男女の「差別・区別・性差」を考えさせた。男女間の社会的偏見（ジェンダー）の問題に途中から切り替えていったのはよい。が，切り替えのタイミングが早すぎると，男女の問題が薄くなってしまう。タイミングを判断するのも，教師の力量であろう。

　また，問題解決的な手法を用いたときに，解決策を出させると，視点が広がってしまい，広がりだけで終わることがある。できれば，教師が「この点についてもう一回，みんなで問題解決してみよう」と，それらをまとめて焦点を絞って深めることが大切であろう。これは教師としては勇気が要るが，これができると，価値を深めることができる。

(4) 教師の舵取りについて
　授業者は，かなりゆさぶりをかけていた。その結果，話合いは盛り上がったが，舵取りをしっかりしないと議論がいろいろな方向に行ってしまう。意見が活発に出たからよい，ということではない。今回の場合だと，話をていねいに追っていくと3つのことに分けられそうなので，このあたりを分けて考えさせるとよかった。さらに，考えようによっては「公正，公平」も出てくる。複数の価値を考えさせることも大事である。

(5) 生徒の様子と変容
　本学級は，男子がおとなしく女子の一部が活発であった。道徳授業でも，それが顕

著に表れた。

　導入では「たまたま男に生まれただけ」「たまたま女の子に生まれただけ」という意見が出た。授業者が「男に生まれてよかったこと，ある？」と問い返すと「楽でいい，女に比べてごちゃごちゃしたトラブルがない」と発言。この生徒は授業の最初では「女じゃめんどくさいし，トラブルが多い」という考えをもっていた。授業で，さまざまな意見にふれる中で少しずつそれが偏見であることに気づく。そして「男だから，とか女だから，とかではなくて，能力で平等に人を見るようにすべき」「見た目では心は見えない。見た目で判断すべきではない」という意見に対して頷くようになった。授業者が「差別と区別の違いは何か？」と補助発問をしたときには「相手が嫌な気持ちになることが差別。だから相手のことを思いやることが大切」と，自分の考えを書いていた。授業を通して価値について深く考え，相手を尊重しようとする意欲を高めることができた。

　また，この生徒以外で，授業後の振り返りで書かれた主な記述は以下のとおりであった。

- 先生が最後に話したレディ・ファーストの言葉は，相手を思いやる気持ちが表れた言葉だと思う。外見ではなく，その人そのものを思いやって，これから生きていきたい。
- 男も女も，それぞれよいところがあり，特性がある。そこを尊重することが，互いによりよく生きていくことにつながると思う。
- 誰と接するときも，一人一人を大切にして，人として見るようにしたい。これからは，男だからとか女だからとかは，考えないようにしたい。
- 偏見をもたずに，自分自身が素直で前向きな心で，人と接していきたい。

(6) 今後に向けて

　本校の問題解決的な手法を用いた道徳授業の研究は始まったばかりである。問題解決的な発問を取り入れることで，道徳科は楽しくてためになる授業へと質的転換する。発問が変わることで授業の形態がアクティブになり，生徒たちの反応もポジティブに変わっていく。生徒の意見を共感的に理解し，柔軟かつ即興的に授業展開を組み立てていきたい。

❺ 1年 教材「一冊のノート」

家族愛

1 主題設定の理由

(1) 価値観

　生徒の成長を親身に支えてくれる父母や祖父母に感謝と敬愛の念をもつことは，大事なことである。生徒が家族と共同して生活しながら，家族のために自分の役割や責任を進んで果たそうとすることは，家族の一員としての自覚を高めることになる。ただし，家族とは毎日の生活で緊密に関わることが多いため，父母や祖父母に依存し過ぎたり，しつけに反抗したりして，いさかいやトラブルに発展することもある。

　また，高齢化が進む現代の日本社会では，祖父母の認知症への対応も切迫した重要なテーマになる。社会的な問題として取り組むとともに，家族としてどのように祖父母を理解し，どのように親身に関わっていくべきかが課題となる。さまざまな家庭事情がある中で，家族の絆や家庭愛のあり方が問い直されることになる。

(2) 生徒観

　思春期の中学生は，さまざまな経験を通して成長する。その中で，社会や大人の欠点も見えるようになる。最も身近な存在である家族に対しても，好感や感謝の気持ちだけでなく，疑いや反抗心が芽生えやすい年ごろである。

　本学級の生徒も，雑談の中で家族への反抗心を話していることがある。実際に，家族に横暴な態度をとっている生徒もおり，愛情に対する感謝の気持ちを忘れてしまっているように感じる。そのような態度をとっても，変わらず愛情を注いでくれる親の気持ちを考えさせ，自分の行動を見直させたい。

(3) 教材観

　主人公の「ぼく」は，同居する祖母の老いを心配しつつも，祖母の言動にいら立ちを感じ，関わり方について悩んでいた。そんな中，「ぼく」は祖母の書いた一冊のノートを見つけたことから，祖母の抱える苦しみや，家族のことを一心に思う祖母の気持ちに気づく。

　今後，「ぼく」がどのように祖母と関わり，支えていくのかを具体的に考えることで，家族に愛情を注ぎ続けることの難しさや崇高さに改めて気づかせたい。

2 評価について

- 家族が注いでくれる無償の愛の大きさに気づき，現在や将来の家族への向き合い方を具体的に考えることができる。　　　　　　　　　　　　（発表，ワークシート点検）

3 指導の手立て（手法）について

(1) 主体的な学びにするための工夫

- 主人公「ぼく」の気持ちや行動について考えるだけでなく，他の登場人物について考えることで，物事を多面的・多角的に理解する力を育てていく。
- 家族の愛情が，きれい事で済むものではなく，日々の苦労を乗り越えた先にある崇高なものであることに気づかせる。
- 他のサービスや施設を利用する良さと悪さにも目を向けさせて，家族による愛情の尊さだけでなく，現実的限界についても考えさせる。
- 教材を範読した後，「何について話し合いたいですか」と問うことで，自分たちで問題をもたせる。出された問題をうまく生かしつつ，指導者がめざす授業展開を構築するように授業の舵取りをする。

(2) 対話的な学びにするための工夫

- 一斉授業ばかりではなく，2人もしくは4人程度で，意見交換する時間も設けるようにする。
- 生徒の意見を分類して板書することで，生徒が，他者の意見に対して付け加えたり，他者の意見に対する自分の意見を発言しやすくしたりして，生徒同士で考え，議論する授業を展開していく。

(3) 深い学びにするための工夫

- 中心発問を「主人公（ぼく）は今後，おばあちゃんとどのように接していくべきでしょうか」と問うことで，問題解決的な視点を示し，多面的・多角的な思考を促す。発問後は，生徒の多様な意見を教師が舵取りをして，ねらいである「家族愛」までもっていく授業展開をめざす。そのために，補助発問を多く準備しておき（指導案に掲載），生徒の意見に応じて活用するとよい。

4 指導案

- ●対象学年　　　　第1学年
- ●主題　　　　　　家族を敬愛すること
- ●内容項目　　　　C［家族愛，家庭生活の充実］
- ●教材（出典）　　「一冊のノート」（出典：文部科学省『私たちの道徳　中学校』）

ねらい　家族愛の崇高さに気づかせ，家族とどのように関わっていけばよいかを具体的に考えようとする判断力を養う。

	おもな発問と生徒の反応（○教師　☆生徒）	指導上の留意点
導入	1．祖父母との関わり合いを想起し，価値への方向づけをする ○祖父母は，みなさんにとってどんな存在ですか。 ☆いちいち細かいことにうるさい。 ☆毎日朝早くから起きていて元気。 ☆小遣いや物をくれてうれしかった。 ☆片づけをしていないことを叱られてうっとうしいと感じた。 ☆同居していないので，少し遠い存在。 2．教材を読む	・祖父母からしてもらってうれしかったことや，嫌だったことをあげさせる。 ・ここでの意見が，授業の終末でどのように変容したかを振り返るときに活用する。 ・範読後，あらすじを簡単に確認する。
展開	3．何が問題かを考える（課題発見） ○何について話し合いたいですか。何が問題になっていますか。 ☆おばあちゃんと主人公「ぼく」との関係。 ☆「ぼく」は今，どんな気持ちだろう。 ☆「ぼく」はこれからどう接していくのだろう。 ☆おばあちゃんはこれからどうなっていくのか。 ○「ぼく」はおばあちゃんにこれからどう接するべきでしょうか。 ☆今までは自分が面倒を見てもらっていたけれど，今後は自分がおばあちゃんを支えていこうとする。 ☆やさしく接する。おばあちゃんにとって，孫は家族だし，孫の面倒を見ることが，おばあちゃんにとっての生きがいになっているから。 ☆どうして接していくか迷う。毎日物忘れをしたり，物をなくしたと騒がれたりして，面倒をずっと見ていかなければならないという苦しみがある。 ☆会話をしたとき祖母が自分の名前を間違えても，すぐに訂正せずに会話を続けて，最後に正しい名前を言う。 ☆施設に入れる。毎日老人ホームの人にやさしく介護してもらえるなら，そのほうが祖母もうれしいと思う。 ☆施設には入れない。自分は知らない人に看病されることが嫌だから，介護は大変だけれど，老人ホームに自分の親を入れたくない。	・感想を聞きながら，課題を全員で見つけ共有する。 ・認知症になりつつある祖母と主人公たちとの関係性にも着目させる。 ・生徒も家族愛が大事ということは常識的にわかっている。それをどう表現していくのかを考えさせる。 ・補助発問を多く準備し，生徒の意見を舵取りしながら瞬時に効果的な問い返しをする。 ・老いが進む祖父母に家族としてどう接していくのかを具体的に考えさせる。 ・考えさせる際に，最後の場面で草むしりをするところを役割演技するのもよい。 ・最終的には，介護の大変さを乗り越える家族愛の素晴らしさを気づかせたい。

	【指導者が準備した補助発問】 ○主人公「ぼく」は、今までのおばあちゃんへの怒りはなくなってしまったのかな。 ○認知症の方と暮らしていると、どんな大変なことがあるのだろうか。 ○あなたの母親が、あなたのことを忘れてしまったら、どんな声かけをしますか。 ○老人ホームに入ってもらうことには賛成ですか。反対ですか。 ○考えれば考えるほど大変な介護を、あなたは家族として本当にできますか。 ４．問題について話し合う（課題解決） ○本時の授業で、家族について考えたことを書きましょう。 ☆自分自身も家族にひどい言葉を言ってしまうことがあるので、今後は感謝の気持ちをもって家族と接していきたい。 ☆認知症の介護の大変さを知り、毎日の苦労に負けない家族愛はすごいと思った。 ☆自分の親が認知症になったら、毎日前向きに支えることができるかわからないけれど、互いに理解して生活したい。	・机間指導の後、意図的に指名をして、ねらいたい価値を全体で深く考えさせる。 ・自分の家族との関わり方や、親が認知症になったときの関わり方など、多様な意見を出させる。
終末	５．学習を振り返る（教師の話を聞く） ○今日の授業で、私もとても考えさせられました。 ○導入で聞いた「祖父母の存在」での考えと、今の考えでは、違いがありますか。	・教師がもつ家族に対する思いと、教師自身が本時を通して考えたことを話す。

●板書計画

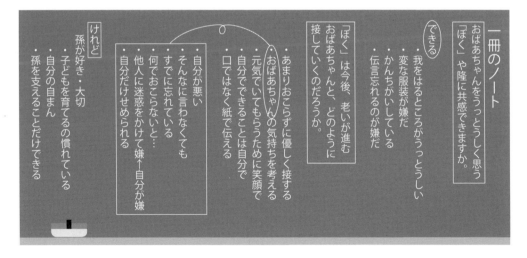

5 実際の授業の様子／生徒の変容

(1) 今回の教材について

とても難しく深刻なテーマである認知症。それを多面的・多角的な構成で扱う授業となった。従来だと，この教材は場面ごとで話し合っていき，ラストの場面で主人公「ぼく」がおばあちゃんに感謝の気持ちをもつ，というのが一般的。今回は，問題解決的な手法を取り入れたチャレンジな展開であった。重い

テーマだったので，生徒たちも活発な意見を出しづらかったが，指導者の個性，方向づけ，導きによって授業の雰囲気を和ませていた。

(2) 指導案・展開について

「問題を見つける」ところからスタートして，最終的な「問題を解決」するという展開。これが「深まり」となった。この流れの中でこそ「生き方をじっくり考える」ということができた。そのために指導者が，多くの補助発問を準備していたことが功を奏した。生徒は指導者からの補助発問に心を揺さぶられていた。

(3) 家族愛の考え方について

従来の「家族愛：支え合う心情」から「どのように関わっていけばよいか：判断力」を育てる授業となっていた。主人公の気持ちを問う心情道徳から，主体的対話的な道徳の授業となっていた。

(4) 本時の授業について

展開のところで「何が問題になっている？」との発問を通して，生徒の興味・関心は高いことを確認。そのうえで「主人公はこれからどうしたらいいのだろう」という意見を拾い，全体の問題とした教師の舵取りはよかった。生徒から出た問題であった。それを受けて，中心発問「主人公はこれからどう接するべきか」と問うた。

解決策として出た意見は，

　　僕……やさしく接する　笑顔でいよう　メモで示す　自分でやる　見守る
　　おばあちゃん……一生懸命やっている　家族のために　思いやり

であった。

いろいろな視点で出たが，実は，解決策は，教材の中で「父」が言っている。

授業では，ここで「家族愛」と同時に「相互理解・寛容」も取り上げたかった。（ここで言う寛容とは「認知症のおばあさんのことを理解しようとする視点」）

相互理解の場合は，はじめはネガティブでもよいのだが，最終的には相互理解しながら家族愛をポジティブにしていく（孫への愛情，思いやり，家族のためにという生きがい），というように扱うとよかった。さらにここから「寛容とは？」「相互理解とは？」を考えさせてもよかった。とにかく，問題解決的な手法は，教師の力量，教師の瞬時の判断と舵取りがとても大切であることを再認識することができた。

(5) 生徒の変容

「自分の親が介護が必要になったら，家で面倒を見る？　見ない？」と授業者が発問した。生徒は自分事として真剣に考えていた。手をあげさせたら「家で面倒を見る」「施設に預ける」が半数ずつであった。授業の中でさまざまな価値を話し合った後であり，自分事として考えると，とても迷っていた。

「おばあちゃんのために施設に預ける」「どうして？」「だってそのほうがおばあちゃんも安心だと思うから」「何が安心なの？」「家族に迷惑をかけなくて済むから安心」「おばあちゃんが家族のことを思って，あえて施設に行きたいと言うってこと？」「たぶんそう言うと思う」「家族の気持ちはどうなのかな？」「微妙……」「これって家族だからそう思うの？　他人ではこうは思わないのかな？」「家族だから，だと思う」「家族って，特別なんだね」

この生徒はもちろんこのやりとりを聞いていた他の生徒も，「家族愛」について真剣に考えることができた。その後書いたワークシートでは，「うっとうしいと最初は考えていたけれど，家族の間柄だからこそできること，思うこと，感じることがすごくあることに気づきました」と書く生徒がいた。授業の導入で「うっとうしい存在」と言っていた生徒が授業での対話を通してこのように感じることができたことは，道徳性の高まりといえる。

また，「自分で面倒を見る」に手をあげた生徒は，授業者から「認知症で自分のことを忘れられても，それでも面倒を見られるかな」と問われると，黙ってしまった。その後「つらいけれど，でもやっぱり，面倒を見てあげたい」「どうして？」「だって，今までたくさんお世話になった人だから。今度は逆に自分が，何かしてあげたい」「どんな気持ちで？」「感謝の気持ち。家族だから」「家族じゃなかったら？」「すぐに施設に入れる」「つらくてもいいの？」「いい」と対話をした。自分なりに今回の問題を真剣に考え，問題を解決しようという意欲が高まっていた。

(6) 問題解決的な手法，今後に向けて

- 「何が問題になっていますか？」と問うと，ねらう価値についての問題が出てこない場合がある。また，ぶつかっている価値が違うところが問題として出てくる可能性がある。また，生徒も問題を絞りきれないことがある。このときこそ，教師が舵取りしてあげることが大事であろう。
- 補助発問で，生徒は見方・考え方が変わっていくので，できるだけ多く準備しておきたい。ただ，補助発問が多いと教師がしゃべりすぎてしまうことがある。気をつけたい。
- 問題解決的な場合は特に，授業の中で生徒同士のフリートーキングの時間を取り入れるとよい。そうすると多面的に生徒の意見が出る。また，授業の雰囲気がぐんと変わる。

❻ 特別支援学級　教材「ONE FOR ALL」

自他の理解と協力
―特別支援学級の生徒が主体的に学ぶ道徳授業―

1　主題設定の理由

　本授業を行った自閉症・情緒障害特別支援学級に在籍する３年生は，自分で決めたことをやり遂げようとする，自分に与えられた仕事にまじめに取り組む，というよさがある。一方で，その障害特性から，対人関係の構築や社会性に困難を抱えているという課題が共通にある。よって，授業の主題である「自他の理解と協力」については，通常学級の生徒よりも苦手としている。例えば，学級で一つの活動を行うためにリーダーが積極的に動いていても，協力しようとせず，周りの仲間から反感を買ってしまうことがある。生徒には，授業後に「集団生活の向上のために，自分も貢献していこう」「集団生活の向上のためには，相手の気持ちを尊重しよう」という願いをもってほしいと考えた。

　授業では，中学１年生向けの教材を使用した。主人公である弱小サッカー部のキャプテン研一は，中学校最後の大会に向け，もう一度試合に勝つために練習をがんばりたいと思っており，同じように考えている仲間もいる。しかし，３年生になってから入部した陽輔たちは，気楽にサッカーをすることを望み，勝ちをめざしていない。互いの狭間に立つ研一は，部長としてどうするべきか悩んでいる。授業では，部活動に対する仲間との価値観の違いに悩む主人公はどうするべきかを考えることを通して，集団生活は互いを尊重したうえで協力することが大切だと気づき，よりよい集団生活を築き上げようとする態度を養いたいと考えた。

2　指導計画

　道徳の年間授業時数35時間のうちの16時間目（９月初旬）に実施した。特別支援学級の仲間のこと（得意不得意，性格など）をある程度理解し，交流学級の仲間と一緒に過ごすことにも慣れてきたころで，「集団生活の充実」について考えるよい時期だといえる。

　同時期に体育科では，リレーの学習を行う。本学級の生徒は交流および共同学習の体育授業に参加し，競争や協同の経験を積む。交流学級の仲間と協力する，交流学級の中で自己の責任を果たすことを学ぶ際に，本授業で学習したことを生かしてほしいと考えた。

3 評価について

　生徒が自分のよさや成長したことに気づき，自分のよさを自覚して，今後よりよい生き方を求めていこうとする意欲を引き出すために評価することが基本となる。特に，本学級の生徒は自己肯定感が低い傾向が高いため，留意する。また，生徒全員が発達障害を抱えており，指導計画が評価を考えるうえでも，個々に対して学習，生活上の困難さの状況等を踏まえた配慮をする必要がある。

　授業内では，ワークシートへの記述（①課題解決策を考える場面，②新たな場面について考える場面，③終末で「協力」について考える場面）や発言・動作（課題解決策を出し合い，吟味する場面）で，適時評価を行った。また，授業後の生徒個々の言動を観察し，成長した姿については，本人に対して認め励ましたり，保護者に伝えたりした。

4 指導の手立て（手法）について

(1) 主体的な学びにするための工夫
- 導入・・・目前に迫った体育祭を話題にすることで，生徒の興味・関心を引きつけた。
- 終末・・・教師の失敗談，成功談を語ることで，改めて「協力」の大切さについて考えた。

(2) 対話的な学びにするための工夫
- 問題解決的な学習を取り入れ，生徒全員が課題解決策を出し，練り合い吟味することで学級全体としての課題解決策を導き出すようにした。
- 教師も参加し体験的な学習（役割演技）を行い，課題解決策の有効性を全員で検討した。

(3) 深い学びにするための工夫（道徳的な見方考え方）
- 展開前段で学んだ道徳的諸価値を生かして，体験的な学習（新たな課題への取組み）に取り組むようにした。

5 生徒指導，キャリア教育，特別活動などとの関連

- 生徒指導・・・「集団生活の充実」について考えることで，社会的資質や行動力を高める。
- 特別活動・・・学校行事（9月の体育祭，12月の合唱祭）
- キャリア教育・・・学校行事（5月の東京研修で実施する職場体験学習），高校体験入学
- 自立活動・・・人間関係の形成：他者との関わりの基礎，他者の意図や感情の理解
　　　　　　　コミュニケーション：言語の受容と表出，状況に応じたコミュニケーション

6 指導案

- ●対象学年　　　　自閉症・情緒障害特別支援学級に在籍する３年生
- ●主題　　　　　　自他の理解と協力
- ●内容項目　　　　C［よりよい学校生活，集団生活の充実］
- ●教材（出典）　　「ONE FOR ALL」（出典：『道しるべ１』正進社）

ねらい　部活動に対する仲間との価値観の違いに悩む主人公はどうするべきかを考えることを通して，互いに尊重して協力する大切さに気づかせ，よりよい集団生活を築こうとする態度を養う。

	おもな発問と生徒の反応（○教師　☆生徒）	指導上の留意点
導入	１．授業のねらいや話合いのルールについて理解する ○「学級全員で協力する」とはどういうことかを考えよう。 ☆体育祭のときのように，目標に向かって力を合わせること。 ☆リーダーが中心となり，気持ちが一つになること。 ２．教材を読む	・自分の考えを書かせる。 ・これまでの経験を振り返り，成功体験や失敗体験など，素直な思いを引き出すようにする。
展開前段	３．何が問題かを考える（課題発見） ○部長である研一は，どんなことに困っているのだろうか。 　┌──────────────────────┐ 　│もう一度試合に勝つために練習をがんばりたいと思う研一│ 　│　　　　　　×（考えの対立）　　　　　　　　　　　│ 　│気楽にサッカーをすることを望み，　　　　　　　　　│ 　│　　　勝ちをめざしていない陽輔　　　　　　　　　　│ 　└──────────────────────┘ ☆部長としてサッカー部を分裂させるわけにもいかない。 ４．問題について話し合う（課題解決） ○研一は，今後部長として，部員に対してどう働きかけるべきだろうか。 ☆まずは，これまで熱心に活動していなかったことを素直に認めたうえで，最後の大会の試合で勝ちたい気持ちを伝える。 ☆一部の部員だけでなく，部員全員で試合に勝つための練習をしていきたいことを訴える。 ☆部員全員の考えを真剣に聞き，それぞれの意見を尊重したうえで，練習する曜日，日数や練習時間についての考えを譲り合うなど，全員が納得できる形で練習ができるようにする。 ○みんなが好き勝手に練習をやるようになったら，どうなると思うか。　　　　　　　　　　　【深めの発問】 ☆チームとしてのまとまりがなくなってしまう。 ☆最後の試合に出場できなくなるかもしれない。 ○研一役となり，部員に対して働きかけよう。部員役となり，研一の働きかけを聞こう。 　　　　　　　　　　【体験的な学習（役割演技）】 ☆部長として，自分の思いを部員に伝えることができたか。 ☆部員として，部長の思いを受け入れることができたか。	・集団の向上をめざす研一と個の尊重を訴える陽輔の対立を押さえるとともに，どちらの考えも集団では軽視できないことに気づくようにする。 ・まずは自分の考えを書いてから全体交流をする。 ◎ワークシートへの記述 ・試合に勝ちたいと思う気持ちを真剣に伝えるとともに，部長として部員の気持ちを尊重することも必要なことを押さえる。 ◎発言 ・研一派と陽輔派が別々に練習することで，どんな事態が予想されるかを考えることを通して，考えを深める。 ・自分たちが導き出した解決策を具体的な言葉や動作によって吟味する。 ◎役割演技の発言・動作

展開後段	○新たな課題に対して，どうしたらよいかを考えよう。 【体験的な学習（新たな場面の提示）】 合唱祭に向けての練習で，パートリーダーの一朗君はとても張り切っている。ところが，いざパート練習が始まると，ふざけて歌う人が数人おり，そんな姿に一朗君はいらいらして，雰囲気がよくない。そんな中，真剣に歌っているあなたは，どうすればよいだろうか。 ☆ふざけて歌う人に引きずられずに真剣に歌い続ける。 ☆ふざけて歌う人に，ふざけて歌う理由を聞く。自分で聞けないときには，誰かと一緒に聞いたり，先生に相談したりする。 ☆リーダーがいらいらしていると雰囲気が悪くなるので，練習に協力するからいらいらすることはやめるように，リーダーに話をする。	・まずは自分の考えを書いてから全体交流をする。 ◎ワークシートへの記述 ・これから始まる合唱祭の取組みで予想される事例を考える。 ・同じような場面に出合ったときに，自分だったらどうするかを考える。 ・学級にはさまざまな立場の人がおり，互いを尊重し合うことが協力につながると考えられるとよい。 ◎発言
終末	5．学習を振り返る（振り返り） ○教師の説話をする。教師が中学生時代の合唱祭の取組みで後悔した経験とみんなで頑張ってよかった経験を語る。 ○再度「学級全員で協力する」とはどういうことかを考えよう。 ☆自分のことだけを考えるのではなく，互いの考えや気持ちを大切にして活動することが協力だ。	・教師が過去の経験を語ることを通して，生徒が考えを整理できるようにする。 ・自分の考えを書かせる。 ◎ワークシートへの記述（考えの変容）

●授業の様子

●板書

6　自己の理解と協力

7 実際の授業の様子／生徒の変容

　導入では，教師が学級で協力するとはどういうことかを発問した。次に示す生徒の発言からは，生徒たちなりに「学級で協力する」ことを捉えていたことがわかった。

> B男：僕は，学級全員で協力するというのは，学級全員で問題に取り組んで解決を導き出すことだと思います。
> C男：学級全員が同じ目的に向かって協力すること。

　次に，展開前段では，問題解決的な学習に取り組んだ。
(1) 何が問題かを考える。
　研一が困っている状況を把握し，生徒と教師のやりとりの中で，「全員が練習に参加できない」「勝ちたいグループと楽しみたいグループの対立」が問題であると確認した。
(2) 自分の考え（課題解決策）をもつ。
　教師からの「研一は今後部長として，部員に対してどう働きかけるべきだろうか。という」発問に対して，生徒は自分の考えをワークシートに記述した。
(3) 自分が考えた課題解決策を発表し合い，それぞれの解決策について吟味する。

> A男：サッカー部としては，大会に出て勝ちたいという思いを伝える。サッカー部は，全員でやるからこそ強くなるチームだと思うから，練習を今やっていない人にも気持ちを伝える。みんなで大会に向けて練習をやっていくべき。
> 　→思いを伝えるだけでなく，姿を見せることで，全員を納得させることができるとよい。
> B男：基本は楽しみたいグループはもともと決められた日には練習に出るようにする。活動日ではないときには練習に出る必要がないので，気楽に練習ができる。
> 　→週1回の活動日は全員。公園の自主練習はやりたい人がやる。この案なら，どちらの気持ちも大丈夫である。

　A男とB男の課題解決策はWin-Win型であり，多くの賛同があった。生徒は，「集団生活の充実」という道徳的価値を「自分ができることをやる」「相手の気持ちも尊重する」と具体化することができた。この後，役割演技に取り組み，課題解決策が有効であることを全員で確認できた。
　展開後段では，体験的な学習として新たな場面を提示した。

> B男：パート練習のときに休憩を取り入れ，勝手なことをしている人にも声をかける。
> C男：ふざけている人がわかるように，まじめに歌う雰囲気をつくる。
> A男：C君が言ったように休憩を入れて，それでもの場合は上手にやっていく。

生徒一人一人が，展開前段で学んだ道徳的価値を生かして，新たな場面の問題解決策を真剣に考えることができた。

8 資料など

●ワークシート

道徳ノート「ONE FOR ALL」　　＿＿月＿＿日　名前＿＿＿＿＿＿＿＿

＜授業の始め＞「学級全員で協力する」とは，どういうことだと思いますか。

Q．研一は，今後部長として，部員に対してどう働きかけるべきだろうか。

①

③どうなることが予想されますか？

②理由

Q．合唱祭に向けてのパート練習がうまくいかない話で，どうしたらよいと思いますか？

＜授業の終わり＞「学級全員で協力する」とは，どういうことだと思いますか。

今日の授業を振り返り，
　　4：よくできた　3：できた　2：あまりできなかった　1：できなかった　で自己評価しよう。

①教材で，登場人物の立場になって考えることができた。	4 ・ 3 ・ 2 ・ 1
②教材で，自分だったらどうするかを考えることができた。	4 ・ 3 ・ 2 ・ 1
③自分の考えをもち，書いたり発表したりすることができた。	4 ・ 3 ・ 2 ・ 1
④授業の終わりに，これからのめあてを見つけることができた。	4 ・ 3 ・ 2 ・ 1

編集後記

　「考え，議論する道徳」授業は，主体的・対話的で深い学びを具現化する。考えることは，道徳的諸価値を主体的に自覚するための重要な視点である。自分を振り返り，人間としてあるべき自分を求めるメタ認知と言える。また議論することは，多面的・多角的な考えを自己開示し，仲間と語り合いながら自己を磨き深めていくことである。

　現在，自己開示の方法には，書くこと・話すこと・演じ体験すること・タブレット等による意見交換等が工夫されているが，社会心理学ではどの方法も同じ効用があるという。自分の考えを表現することは，思考が確かになったり深まったりするという効果も報告されている。本書では，問題解決的な道徳科授業等を中心に多様な生徒の議論の内容や方法の工夫がなされている。

　また多くの実践事例から，特にねらいと主題設定が明確でかつ指導内容・方法に工夫がある指導事例を集めている。そのため指導と評価の一体化の観点から，生徒の道徳性に係る成長の様子を肯定的に勇気づけることができる個人内評価にも活用できる。

　編纂の意図を十分に理解いただき，自分なりに教材を吟味し，生徒の実態に合った指導をさらに工夫されることが大切である。主体的に生きる生徒の幸福を願い，真の道徳性を養うという志を抱き，毎週の道徳科授業に本書をご活用いただければ幸いである。

　最後に，多彩な教材の編集・構成に尽力をいただいた図書文化出版部編集者の方々に心より御礼を申し上げる。

編者　鈴木　明雄

　道徳の教科化に向けての「道徳教育の充実に関する懇談会」では，「学年が上がるにつれて，道徳の時間に関する児童生徒の受け止めがよくない状況にある。」と報告された。

　受け止めがよくないのは，道徳の授業が「わかりきったことを言わされたり書かされたりする」「先生の求める答えを言わされる」時間だと感じているからである。逆に，「道徳の時間が楽しい」「ためになる」と感じるのは，「自分とは異なる考えに触れたとき」「自分の意見をみんなが真剣に聞いてくれるとき」「自分のこととして本気で考えたとき」等であり，多面的・多角的に「考え，議論する」時間になっているときなのである。

　本書は，生徒が本気になる問題解決的な道徳授業の実践事例を18編掲載した。各校が実際に行った授業であり，内容項目はどの学校でも重点項目にしているものが多くある。生徒たちが「よりよく生きていくためにはどうしたらよいのだろうか」と本気になって問題解決を図れるような工夫がされている。また，「道徳全体計画の別葉」の実例も紹介している。これにより道徳教育の全体像が視覚的に捉えられ，カリキュラムマネジメントの観点からも，教師の指導力の向上につながっている学校の例である。是非，参考にしていただき，貴校独自の別葉作りに役立てていただきたい。

　生徒が本気になる問題解決的な道徳授業を通して，「道徳の授業は楽しい」「ためになる」と感じる生徒を一人でも多く増やし，それが生徒の道徳性の向上につながる一助になれば幸いである。

編者　江川　登

■編著者略歴（頁数は執筆箇所，所属は 2018 年 7 月現在）

柳沼　良太　やぎぬま・りょうた　岐阜大学大学院教育学研究科准教授　pp.8-28
　　　　早稲田大学大学院文学研究科博士後期課程修了，博士（文学）。早稲田大学文学部助手，山形短期大学専任講師を経て，現在，岐阜大学大学院教育学研究科准教授。日本道徳教育学会理事，文部科学省中央教育審議会道徳教育専門部会委員，道徳教育の改善等に係る調査研究協力委員，学習指導要領解説「特別の教科　道徳」作成協力者。

鈴木　明雄　すずき・あきお　麗澤大学大学院学校教育研究科道徳教育専攻准教授　pp.30-31
　　　　文部科学省教育映像等審査会委員。元全日本中学校道徳教育研究会会長。元東京都教育委員会指導部主任指導主事・荒川区教育委員会指導室長。元東京都公立中学校校長（葛飾区立新小岩中学校，北区立飛鳥中学校）。学習指導要領等の改善に係る検討に必要な専門的作業等協力者（中学校特別の教科　道徳）。道徳教育の充実に関する懇談会委員。

江川　登　えがわ・のぼる　東京都豊島区立西池袋中学校統括校長　pp.50-59
　　　　昭和 36 年東京都の生まれ。昭和 58 年東京都公立中学校教諭，平成 11 年教頭・副校長を経て平成 19 年豊島区立池袋中学校校長，平成 23 年豊島区立巣鴨北中学校校長，平成 26 年豊島区立西池袋中学校統括校長（現職）。平成 27 年度全日本中学校道徳教育研究会会長，平成 28・29 年度東京都中学校道徳教育研究会会長を歴任。

■執筆者紹介（原稿順，頁数は執筆箇所，所属は 2018 年 7 月現在）

富森　一行	東京都北区立飛鳥中学校主任教諭		pp.32-37
川越　智子	東京都北区立飛鳥中学校教諭		pp.38-42
浅賀　仁	東京都北区立飛鳥中学校教諭		pp.43-49
楢川希三子	東京都豊島区立西池袋中学校主任教諭		pp.60-71
関口　礼之	東京都豊島区立西池袋中学校主任教諭		pp.72-77
若林　尚子	埼玉県川口市立芝中学校教諭（元川口市立榛松中学校教諭）		pp.78-105
園田　豊	静岡県島田市立六合中学校校長		pp.106-115
四俵　勝	静岡県島田市立六合中学校教諭		pp.116-121
原木　明子	静岡県島田市立六合中学校教諭		pp.122-131
西野　恵子	静岡県島田市立六合中学校教諭		pp.132-142
野島　円	高知県いの町立伊野中学校教諭		pp.144-149
松本　正樹	愛知県大府市立大府北中学校教諭		pp.150-152
関　晴介	愛知県大府市立大府北中学校教諭		pp.153-155
竹内　稔博	愛知県東浦町立東浦中学校教諭		pp.156-167
丹羽　紀一	岐阜県多治見市立陶都中学校主幹教諭		pp.168-173

生徒が本気になる

問題解決的な道徳授業・中学校
「考え，議論する道徳」の実践事例集

2018年9月20日　初版第1刷発行［検印省略］

編 著 者　ⓒ柳沼良太・鈴木明雄・江川登
発 行 人　福富　泉
発 行 所　株式会社 図書文化社
　　　　　〒112-0012　東京都文京区大塚1-4-15
　　　　　TEL. 03-3943-2511　FAX. 03-3943-2519
　　　　　http://www.toshobunka.co.jp/
組　　版　株式会社 さくら工芸社
装　　幀　株式会社 オセロ
印刷・製本　株式会社 厚徳社

JCOPY〈出版者著作権管理機構 委託出版物〉
本書の無断複製は著作権法上での例外を除き禁じられています。
複製される場合は，そのつど事前に，出版者著作権管理機構
（電話 03-3513-6969, FAX 03-3513-6979, e-mail：info@jcopy.or.jp）
の許諾を得てください。

乱丁・落丁本の場合はお取り替えいたします。
定価はカバーに表示してあります。
ISBN978-4-8100-8711-6　C3037